rkunde zu Berlin ausgebreitet.

Rudolf Kaiser / Michaela Kaiser

Sterne, die singen

LIED DER STERNE

Wir sind die Sterne die singen
Wir singen mit unserem Licht
Wir sind die Vögel aus Feuer
Wir fliegen über den Himmel
Und unser Licht ist die Stimme
Wir bahnen den Weg für die Seele
Auf Ihrer Reise durch den Tod

Dies ist das Lied der Sterne

(Passamaquoddy)

Rudolf Kaiser / Michaela Kaiser

Sterne, die singen

Begegnungen mit indianischer Weisheit

Kösel

Autoren und Verlag haben nach bestem Wissen und Gewissen die Herkunft der Texte dieses Buches geklärt und sich um die Erlaubnis zu deren Abdruck bemüht. Trotzdem sind einige Unsicherheiten hinsichtlich der Rechtsinhaber geblieben. Weiterführende Hinweise bitte an den Verlag.

ISBN 3-466-36473-6

Druck und Bindung: Kösel, Kempten
Umschlag: Kaselow-Design, München
Umschlagmotiv: Rudolf Kaiser, Hildesheim

1 2 3 4 5 · 01 00 99 98 97

INHALT

ANNÄHERUNG: EIN PREUSSE BEI DEN NAVAJO

Rough Rock ist ein kleiner, einsamer Ort mitten in der Wüste der Navajo-Reservation in Arizona. Was der Name besagt, stimmt: Rauher Fels. Sonst gibt es dort nicht viel.

Aber es gab dort einmal eine Schulungsstelle für Navajo-Medizinmänner und -frauen und auch ein Projekt, das die Navajo-Kultur schwerpunktmäßig in den Schulunterricht der Kinder einbringen wollte. Man nannte dies »Rough Rock Demonstration School«.

So fuhren wir eines Tages nach Rough Rock, um uns nach diesen Dingen zu erkundigen. Wir fanden eine hochmoderne High School – und einen außerordentlich eindrucksvollen, souveränen, kompetenten und humorvollen Planungsleiter der Schulabteilung, J.B., Nachkomme eines nach Amerika eingewanderten preußischen Adeligen – jetzt Angestellter des Navajo-Stammesrates.

Hier am Ende unserer Welt wirkte ein philosophischer Geist, der über östliche und westliche Weltansichten meditierte, der ganzheitliche und dualistische Weltanschauungen miteinander verglich und der seine Philosophie mit folgenden Worten umschrieb:

»Die letzte Wahrheit ist ein Geheimnis. Die angemessene Haltung ist Ehrfurcht. Wir Weißen stellen immer Fragen und wollen alles verstehen, auch das letzte Geheimnis. Indianer, und vor allem Navajo, mögen es nicht, wenn man sie dauernd befragt. Man muss lange bei ihnen leben, einfach leben – und sich dabei abwartend verhalten. Dann werden sie eines Tages denken, man sei ihrer Weisheit würdig. Dann fangen sie selbst an zu sprechen.«
J. B. lebt seit 20 Jahren bei ihnen.

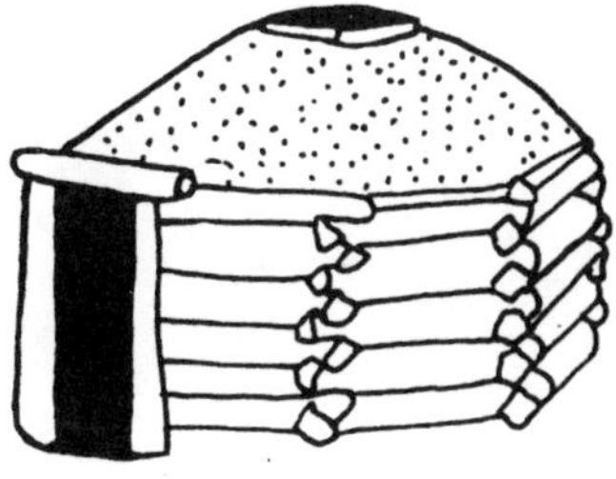

1

WIE DIE WELT ENTSTAND

EINE BEGEGNUNG

»Die Maispflanzen verstehen den Menschen besser als der Mensch die Maispflanzen versteht«

L. J. ist ein Hopi-Indianer, der für seine Stammesverwaltung arbeitet. Obwohl er dadurch ein regelmäßiges Einkommen bezieht, bearbeitet er außerdem seine eigenen Maisfelder. Sein Vater hat einst zu ihm gesagt: Höre nie auf, Mais selbst anzubauen. Eines Tages wird Geld keinen Wert mehr haben. Dann muss jeder vom eigenen Land leben. – So geht L. J. jeden Morgen vor seinem Dienst im Büro zu seinem Maisfeld: Er zieht Unkraut; sucht nach Tierspuren; bemüht sich Tiere zu fangen, die dem Mais schaden. Auf meine Frage, ob er auch mit den Maispflanzen spreche, bestätigt er: Mindestens ein Lied und ein gutes Wort für den Mais habe er immer im

Herzen, wenn er über das Feld gehe. Denn ein Hopi-Sprichwort besage, dass die Maispflanzen den Menschen besser verstehen als er sie.
Bei diesen Worten fiel mir eine Geschichte ein, die von der Zeit nach dem Zweiten Weltkrieg berichtet. Damals kamen studierte Biologen zur Hopi-Reservation, um den Maisanbau dort zu verbessern. Doch die Erträge auf ihren wissenschaftlich betreuten Parzellen waren deutlich schlechter als die auf den umliegenden Feldern der Hopi. Als dann einige Biologen die Hopi fragten, wie das zu erklären sei, sagten diese: Das sei doch ganz klar. Die Wissenschaftler hätten ja nicht mit den Pflanzen gesprochen, nicht zu ihnen gesungen und nicht für sie gebetet.
Hinter dieser Aussage wird die Überzeugung sichtbar, dass der Mensch nicht Herr über die Natur und ihre Früchte ist, sondern dass er mit ihnen in einem umfassenden Gewebe des Lebens verbunden ist. Da so alles Seiende geistdurchwirkt und vernetzt ist, kann – nach diesem Verständnis – der Mensch durch die Abstrahlung konzentrierter Energie direkt Einfluss nehmen auf die kosmischen Kräfte; können aber auch die Pflanzen wahrnehmen,

welche Wünsche und Stimmungen der Mensch ihnen in Worten und Liedern entgegenbringt. Wir ahnen hier, welche gewaltigen Brüche sich zwischen unserem Weltverständnis und dem der Hopi (und anderer Indianer) auftun. Tatsächlich wird hier der ganze Gegensatz zwischen einem ganzheitlichen (oder holistischen) indianischen Weltzugriff und der dualistischen abendländischen Weltansicht deutlich.

DIE FÜNF WASSER-GEISTER

Es war einmal ein alter grauer Mann, der auf der Spitze eines Berges lebte. Von dort aus konnte er gerade noch das Meer sehen. Seine Hütte

war aus Birkenborke und glänzte im Sonnenlicht wie Silber.
Er hatte fünf wunderschöne Töchter, die Su, Mi, Hu, Sa und Er hießen.
Eines Tages sagte die jüngste Tochter: »Schwestern, lasst uns zum weiten blauen Meer gehen und dort spielen, wo die Wellen gegen die Felsen schäumen.« Und so liefen sie aus der Hütte hinaus und den Berg hinunter. Alle zogen sie wallende Gewänder aus schneeweißem Schaum an, die beim Laufen hinter ihnen her flatterten. Ihre Sandalen waren aus gefrorenen Wassertropfen und ihre Flügel aus gemaltem Wind. Sie tollten über Täler und Ebenen, bis sie an einen großen kahlen Felsen kamen, hoch wie ein Berg.
Dort rief die Jüngste: »Hier müssen wir einen schrecklichen Sprung wagen, aber wenn wir Angst haben und nach Hause zurückgehen, wird unser Vater uns auslachen.« Und so stürmten sie alle wie Vögel mit einem fröhlichen Sprung den Felsen hinunter.
Sie riefen: »Ha-ha, lasst es uns noch einmal versuchen.« Und sie kletterten wieder auf die Spitze des Felsens, sie jubelten vor Freude, und immer wieder ging es ohne Pause den Berg

hinunter. Dabei lachten sie wie Mädchen, wenn sie Ferien haben.
Der Tag verging, und als die Abenddämmerung kam, lachten und spielten sie noch immer. Der runde Vollmond ging auf, und in seinem silbernen Licht sprangen sie von dem hohen kahlen Felsen und kletterten voller Freude wieder hinauf.
Am nächsten Morgen, als die Sonne aufging, war der Felsen nicht mehr kahl. Über seinen steinigen Abgrund ergossen sich Fluten schäumenden Wassers, und in dem Schaum spielten immer noch die fünf Schwestern.
Sie erreichten niemals das Meer, sie spielen dort immer noch und bilden die wunderbaren Niagara-Fälle. Manchmal – wenn man genau hinsieht – kann man ihre Umrisse sogar in dem weißen Schaum erkennen; aber immer kann man in der sonnendurchfluteten Gischt ihre Sandalen und ihre Flügel sehen.

(Kanada)

EIN HOPI-MYTHOS: WIE DIE WELT ENTSTAND

Am Anfang gab es nur zwei Wesen: Tawa, den Sonnengott, und Spinnenfrau, die Göttin der Erde. Alle Geheimnisse und Mächte über der Erde waren Tawa zugeordnet, während Spinnenfrau unter der Erde ihre Zauberkraft walten ließ. In der Unterwelt, der Wohnstatt der Götter, lebten sie und verkörperten alles in einem. Dort gab es weder Mann noch Frau, weder Vogel noch Säugetier; es gab kein Lebewesen, solange diese Zwei es nicht wünschten...
Und dann geschah es, dass diese beiden einen Gedanken hatten – und es war ein großer Gedanke – dass sie die Erde zwischen dem Oben und dem Unten entstehen lassen wollten, wo bis dahin nur die endlosen Wasser schimmerten. Daher setzten sie sich nebeneinander, wiegten ihre schönen bronzefarbenen Körper nach den Klängen der Musik ihrer eigenen

Stimmen; und sie schufen den ersten magischen Gesang, ein Lied von brausenden Winden und fließenden Wassern, ein Lied von Licht, Klang und Leben.

»Ich bin Tawa«, sang der Sonnengott, »Ich bin Licht. Ich bin Leben. Ich bin Vater von allem, das je geschaffen werden wird.«

»Ich bin Kokyanwuhti,« sang die Spinnenfrau mit sanfter Stimme. »Ich empfange Licht und nähre das Leben. Ich bin Mutter von allem, was je kommen wird.«

»Viele eigenartige Vorstellungen formen sich in meinem Kopf – wunderbare Vögel, die im Oben gleiten; Säugetiere, die sich auf der Erde tummeln; und Fische, die im Wasser schwimmen,« stimmte Tawa an.

»Lass nun die Dinge, die mein Herr erdacht hat, erscheinen«, sang die Spinnenfrau, indem sie mit ihren schlanken Fingern aus Lehm die Gedanken Tawas Gestalt werden ließ.

Einen nach dem anderen formte sie und legte sie ab – aber weder atmeten sie noch bewegten sie sich.

»Wir müssen noch mehr tun«, sagte Tawa. »Es ist nicht gut, dass sie so still und ruhig liegen. Jedes Ding, das eine Gestalt hat, muss auch einen Geist haben. Daher, meine Liebe, müssen wir eine mächtige Zauberkraft schaffen.«

Sie legten ein weißes Tuch über die vielen Gestalten, ein schön gewebtes, wollenes Tuch, so weich wie eine Wolke: Darüber ließen sie einen beschwörenden Zauberspruch ertönen, und bald bewegten sich die Gestalten und atmeten.

»Nun, lass uns jetzt Wesen erschaffen, die mir und dir ähnlich sind, damit sie diese minderen Geschöpfe leiten und sich an ihnen erfreuen

können«, sang Tawa, und die Spinnenfrau gab den Gedanken ihres Herrn Gestalt in Form eines Mannes und einer Frau, die ihnen selbst ähnlich waren.
Doch nach dem Zauber des Tuches blieben die Gestalten immer noch regungslos. Da nahm die Spinnenfrau sie alle in die Arme und wiegte sie an ihrem warmen jungen Busen, während Tawa den Figuren seine glühenden Augen zuwandte. Die beiden sangen dann das Zauberlied des Lebens, und schließlich atmeten und lebten die Gestalten des Mannes und der Frau.
»Das war eine gute und großartige Sache«, sprach Tawa. »Nun ist all dies vollendet, und es sollen von uns keine neuen Dinge erschaffen werden. Alle Wesen, die wir erschaffen haben, sollen sich vermehren, jedes nach seiner Art. Ich werde jeden Tag eine Reise durch das Oben machen, um mein Licht auf sie zu werfen und jeden Abend zu Huzruiwuhti zurückkehren. Und jetzt werde ich meinen feurigen Schild auf die endlosen Wasser richten, so dass das trokkene Land erscheinen kann. Und dieser Tag wird der erste Tag auf der Erde sein.«
»Dann werde ich all diese Geschöpfe auf das Land führen, das nach deinem Willen oberhalb

des Wassers erscheinen soll«, sagte die Spinnenfrau.
Da nahm Tawa seinen blanken Schild von der Türkis-Wand des Kiva und stieg schnell seinen herrlichen Weg in das Oben hinauf. Nachdem Spinnenfrau ihre klugen, allessehenden Augen über die Scharen von Geschöpfen hatte gleiten lassen, bahnte sie sich ihren Weg zwischen ihnen und teilte sie in Gruppen:
»Das und das sollt ihr sein und dies sollt ihr bleiben, jeder in seinem Stamm und für alle Zeiten.

Ihr seid Zunis, ihr seid Kohoninos, ihr seid Pah-Utes –.« Die Hopi und alle, alle Menschen wurden dann von Kokyanwuhti mit Namen versehen....

Die endlosen Wasser waren gerade erst verlaufen, so dass der Truthahn Koyona sich sehr anstrengen musste, um mit seinen Schwanzfedern dem schwarzen Schlamm zu entkommen,

in dem nun die dunklen Gewalten für immer zurückbleiben mussten.
Mourning Dove (Klagende Taube) flog nach oben und rief einige, die ihr folgen sollten... .
Dann erwählte Spinnenfrau ein Geschöpf, das jeden Clan zu einer bestimmten Stelle führen sollte, damit die Menschen ihr Haus bauen konnten.
Der Puma, die Schlange, die Antilope, der Hirsch und andere gehörnte Tiere, alle führten sie einen Clan zu der Stelle, wo die Menschen ihr Haus bauen konnten. Seitdem trug jeder Clan den Namen des Geschöpfes, das ihn dorthin geführt hatte.
Dann sprach Spinnenfrau so zu ihnen: »Die Frau des Clans soll das Haus bauen, und der Familienname soll von ihr weitervererbt werden. Sie soll Häuserbauer und Haushaltsführer sein. Sie soll die Gefäße für den Nahrungsvorrat und das Wasser formen. Sie soll Korn für das Essen mahlen und die Kinder liebevoll aufziehen.
Der Mann des Clans soll Kivas aus Steinen unter der Erde bauen, wo er seine Götter verehren kann. In diesen Kivas soll der Mann Bilder aus Sand ›malen‹, die dann seine Altäre

darstellen. Er wird sie aus farbigem Sand herstellen, und sie sollen ›ponya‹ genannt werden... .«
Beim Bücken nahm Spinnenfrau etwas Sand in die Hand und ließ ihn dünn und gleichmäßig herausrinnen.
»Seht die Bewegung dieses Sandes. Das ist das Leben, das alle Dinge darin zum Wachsen bringt. Die große gefiederte Schlange, der Blitz wird erscheinen und die Erde berühren, um sie fruchtbar zu machen. Regenwolke wird Wasser vergießen und Tawa wird allem hold sein, so dass Grünes gedeiht, mit dem ich meine Kinder ernähren kann.«
Ihre Augen suchten nun im Oben, wo Tawa in all seiner roten und goldenen Herrlichkeit jetzt in seinen westlichen Kiva hinabsteigen sollte. Sie Sie sprach: »Ich gehe jetzt, aber habt keine Furcht, denn wir zwei wachen über euch. Seht mich an, meine Kinder, ehe ich euch verlasse. Beherzigt die Worte, die ich euch gesagt habe, und alles wird gut sein. Und wenn ihr Hilfe braucht, ruft mich, und ich werde euch meine Söhne zu Hilfe schicken.«
Die Menschen blickten gebannt und mit weitgeöffneten Augen auf ihre schimmernde

Schönheit. Ihr oberes gewebtes Gewand aus weicher weißer Wolle hing wie eine Tunika über einem blauen Rock. An der rechten Seite war ein Band eingewoben mit den Symbolen der Frau, dem Schmetterling und der Kürbisblüte, und zwar in den Farben rot, gelb und grün, mit einigen schwarzen Streifen dazwischen. Ihr schöner Hals war geschmückt mit schweren Ketten aus Türkis, Perlmutt und Koralle, und gleicher Schmuck hing auch an ihren Ohren. Ihr Gesicht war lieblich, mit warmen Augen und zarten roten Lippen; ihre ganze Gestalt wirkte sehr anmutig. An ihren zierlichen Füßen trug sie Lederstiefel aus schimmerndem Weiß, und diese wandten sich nun dorthin, wo der Sand strudelartig aufgewirbelt wurde. Sie erhob ihre rechte Hand, lächelte den Menschen zu und schritt in dem Sandwirbel davon.

Welch ein Wunder: Vor den Augen der Menschen schien der Sand sie rasch zu verschlingen, bis sie schließlich ganz ihren Blicken entschwunden war.

DAS LIED VOM URSPRUNG DES LEBENS

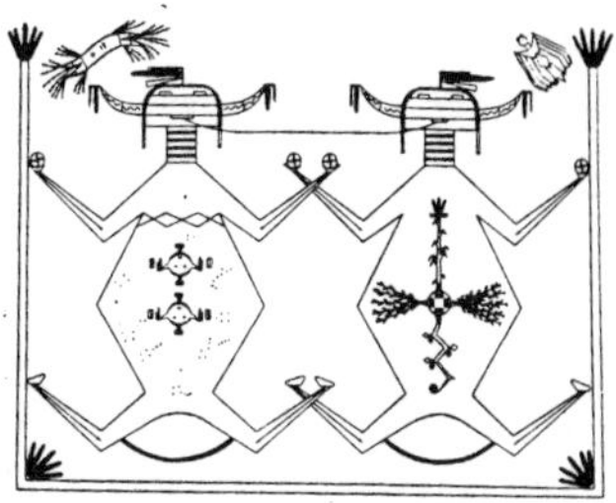

Wo ist es entsprungen?
Es entsprang in der Fruchtbarkeit der Dunkelheit.

Woher kam die Morgendämmerung?
Morgendämmerung war der Anfang.

Was ist die Quelle dieses Lebendigen in der
Hülle unseres Fleisches?
Im Gedächtnis des Menschen
ist keine Erinnerung an das allererste Leben.

Wo ist sie entsprungen,
diese Quelle, wo das Leben fließt?
Sie kam aus der Fruchtbarkeit der Dunkelheit.

Über wem dämmerte der Morgen?
Über der Seele des Anfangs selbst.

Wer bringt Leben hervor?
Es wird geträumt in mystischer Schöpfung.

Und was war der allererste Traum?
Es war der Anfang selbst.

(Anna L. Walters, Pawnee-Otoe-Indianerin)

AM ANFANG DER ZEITEN

Am Anfang, als der Große Schöpfer die Welt machte, rief er all die verschiedenen Geistwesen zusammen und fragte sie, was sie gern sein würden.
Einige wollten die Vier Kräfte des Universums sein; einige wollten Blitz und Donner sein,

Wind, Regen, Schnee, Erdbeben. Einige der Geistwesen entschieden sich dafür, Ozeane zu sein, Berge, Flüsse und Ströme.
Die übrigen Geistwesen sagten, sie wollten Pflanzen-, Baum-, Tier-, Vogel-, Fisch-, Schlangen-, Käfer-, Felsenwesen und menschliche Wesen sein. In dieser Art repräsentierten sie alle jene Wesenheiten, die gehen, kriechen, fliegen und schwimmen; die sichtbaren und die unsichtbaren. Sie alle zusammen brachten die Schöpfung hervor.

(Medicine Grizzlybear Lake)

NAVAJO-MYTHOS ÜBER DAS ERSCHEINEN VON WHITE SHELL WOMAN

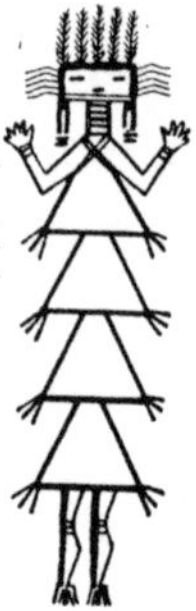

Als der erste Mensch zum Gipfel des Berges kam, hörte er ein Baby schreien. Da rundherum Blitze zuckten und ein schwerer Regen alles in Düsternis tauchte, konnte er nur mit Mühe etwas sehen. Als er das Baby entdeckte, lag es mit seinem Kopf nach Westen und mit seinen Füßen nach Osten. Seine Wiege bestand aus zwei kurzen Regenbögen, die der Länge nach unter ihm her führten und auf denen es lag. Auf seiner Brust und seinen Füßen lagen kreuzförmig die roten Strahlen der aufgehenden Sonne. Das Baby war in vier Decken gewickelt – dunkle Wolke, blaue Wolke, gelbe Wolke und weiße Wolke. Auf beiden Seiten gab es Schlaufen. Diese waren aus Blitzen gemacht und ein Sonnenstrahl war durch sie hindurchgeschnürt.

Da der erste Mensch nicht wusste, wie er die Knoten lösen sollte, nahm er die Wiege mit dem Baby und allem anderen hoch und machte sich auf den Heimweg. Als er zu Hause ankam, rief er: »Alte Frau, es ist ein Baby; ich fand es dort, wo es schwarze Nacht ist mit Regenwolken.« Er legte das Baby hinter dem Feuer auf den Boden, zog an den Schnüren – und die Borten und Bänder lösten sich in beide Richtungen. »So soll eine Wiege sein: Dünne Holzleisten sollen zuerst untergelegt werden. Dann wird es auf jeder Seite eine Reihe von Schlaufen und Schleifen aus Schnüren geben. Die Rinde der Felsenrose, zermahlen und feingerieben, soll unter dem Kind als Bettchen gebraucht werden.«

Es war ein Mädchen...

Ein Tag war wie ein Jahr. Am zweiten Tage stand das Mädchen auf. Und als zwei Tage vorüber waren, schaute es überall herum; und als diese Tage vorüber waren, tanzte es... und am zehnten Tag in der Morgendämmerung wurde ihm der Name gegeben: Yolkai Estaan – White Shell Woman (Weiße Muschelfrau).

WEIHESPRUCH FÜR EIN NEUES HAUS BEI DEN NAVAJO

Weit im Osten
weit dort unten
dort entstand ein Haus
Haus in Schönheit

Gott der Morgendämmerung
dort entstand sein Haus
Haus in Schönheit

Die Morgendämmerung dort
ihr Haus entstand
Haus in Schönheit

Sanftes Erfülltsein
zärtliche Erfüllung
dafür entstand ein Haus
Haus in Schönheit
Blütenstaub vom Mais

für ihn entstand ein Haus
Haus in Schönheit

Die Vorfahren erfüllen das Haus
mit Schönheit
Haus in Schönheit

Möge Schönheit sein vor mir
Möge Schönheit sein hinter mir
Möge Schönheit sein um mich herum
Möge Schönheit sein unter mir
Möge Schönheit sein über mir
Möge alles in Schönheit sein

Für den Navajo ist sein Haus ein Symbol für das ihn umgebende Haus des Kosmos. »In Schönheit« zu leben, bedeutet für den Navajo, in Harmonie mit der Natur zu leben und an dem kosmischen Plan teilzunehmen, der von den geistigen Wesen am Anfang der Zeit festgelegt wurde.
In Schönheit zu leben, bedeutet auch, in Übereinstimmung mit dem Rhythmus des Himmels zu leben.

(Ray A. Williamson)

WIE DIE LIEBE IN DIE WELT KAM

Der große Lehrer sagte zum ersten Menschen: »Es ist Zeit, dass du gehst, um eine Frau zu finden, die du lieben kannst...«

»Aber wie soll ich das beginnen?« fragte der erste Mensch, der doch nur ein unerfahrener Knabe war. »Ich bin hier allein, wie du sagst, und weiß nicht, wo ich eine Frau oder eine Gefährtin finden kann!«

»Gehe nur und suche nach ihr«, erwiderte der große Lehrer. Und sogleich ging der junge Mann auf Wanderschaft, um eine Frau zu finden... Nun wird erzählt, dass der junge Mann sich auf seinem ersten Lagerplatz mitten im Walde eine Hütte aus grünen Zweigen baute und sein verträumtes Beten durch eine Stimme aus der Wildnis unterbrochen wurde, eine unwiderstehlich lockende, zarte Stimme.

Dieser wunderbar süße, verführerische Ruf griff dem Knaben geheimnisvoll ans Herz, wie ihn noch nie zuvor etwas gerührt hatte.

Es war die Stimme der ewigen Frau.
Sogleich stand ein schönes junges Mädchen schüchtern vor der Tür zu seinem Fichten-Wigwam. Bescheiden, in Grau gekleidet, das hübsche Gesicht ganz leicht mit glänzendem Schwarz verziert, bot sie dem jungen Mann verlegen ein Körbchen voll wilder Beeren an. Da wurde der Wanderer getroffen, und Liebe kam in die Welt, zu ihrem aufbauenden und zu ihrem zerstörenden Werk.
Als das Mädchen ihn später verließ, blickte er ihr durch den Ausgang nach, sah aber nur ein Rotkehlchen, das, den kleinen Kopf schalkhaft zur Seite neigend, zwischen den Bäumen davonflog.

(Charles Alexander Eastman, Sioux)

2

LIED DER ERDE

EINE BEGEGNUNG: REINIGUNGSRITUAL AM ABEND

Wenn ich in meinem Mietwagen durch Indianerland fuhr, habe ich häufig indianische Tramper mitgenommen. Das ist eine Möglichkeit, um als Fremder mit Indianern ins Gespräch zu kommen, was sonst häufig recht schwierig sein kann.
Dabei gab es für mich die unterschiedlichsten Erfahrungen: sowohl sehr stille, ruhige und besonnene Männer, die sich nur sehr langsam aber stetig für ein persönliches Gespräch erwärmen ließen – als auch angetrunkene, manchmal recht aggressive Leute, die ich nur mit Mühe am Schluss wieder aus dem Auto herausbekam. Einer fühlte sich so wohl in der »Herberge« meines Autos – er kannte sonst wohl keine Herberge –, dass er mit mir »bis nach Deutschland fahren« wollte! – Ein junger Hopi-Indianer, der mit einer Sioux-Frau verheiratet war

und seine Schwester in einem Pueblo-Dorf besuchen wollte, war nach einem stillen, langen und intensiven persönlichen Gespräch so angetan, dass er anbot, eine Kachina-Puppe für meine Tochter zu schnitzen und ihr zuzuschicken. Eines Tages hatte ich auf der Navajo-Reservation einen jungen Navajo-Mann im Auto, der mir von seinem Leben erzählte: Er besaß ein traditionelles Haus (Hogan), einige Pferde, einige Rinder und Schafe; und er arbeitete in dem nahegelegenen Kohle-Tagebau auf Black Mesa (Navajo- und Hopi-Reservationen) für eine Bergbaufirma der Weißen. Eben dieses Letztere nun war eine bedeutende psychische Belastung für ihn. Es war nämlich für diesen jungen Navajo keine Frage, dass es ein Unrecht sei, die Erde aufzureißen, sie in ihrer äußeren Gestalt zu verletzen und zu verunstalten und dabei Kohle aus ihrem Inneren herauszuschaufeln. Schließlich sei die Erde heilig – und sie habe im Gebiet der Black Mesa außerdem noch die Gestalt einer »Lady«. Im Leibe dieser »Lady« herumzuwühlen und ihre Knochen – die Kohlen – hervorzubuddeln, sei gewiss ein Frevel. Er formulierte: »It is a sin to tear up Mother Earth« = »Es ist eine Sünde, Mutter Erde aufzureißen«.

Darum – so sagte der junge Navajo – unterziehe er sich jeden Abend einer religiösen Zeremonie, um sich von der Schuld zu reinigen, die er durch seine Arbeit im Kohlebergwerk auf sich lade.
Als ich ihn fragte, ob er dann nicht daran denke, eine solch frevelhafte Arbeit lieber ganz aufzugeben, sagte er: Es gäbe kaum andere Arbeitsmöglichkeiten auf der Reservation. Deshalb werde er dort weiterarbeiten – und abends seine Reinigungszeremonie haben. Auf meine Frage bestätigte er, dass auch sein Vater, sein Onkel und die älteren Navajo dieses doppelherzige Verhalten billigten.
Das Beispiel zeigt, in welche inneren Schwierigkeiten, Nöte und Zwiespälte die Menschen einer bestimmten Kultur gestoßen werden, wenn diese von einer anderen Kultur mit einer gänzlich anderen Weltansicht und Wertstruktur überlagert wird. Dann muss der einzelne Mensch seinen schwierigen Weg suchen zwischen den Kulturen, zwischen den unterschiedlichen Wertsystemen, zwischen Schuld und Sühne.

TEIL DER NATUR

Der Berg –
ich werde zu einem Teil von ihm.
Die Kräuter, die Fichte –
ich werde zu einem Teil von ihnen.
Die Morgennebel, die Wolken,
die zusammenströmenden Wasser –
ich werde zu einem Teil von ihnen.
Die Sonne, die über die Erde gleitet –
ich werde zu einem Teil von ihr.
Die Wildnis,
der Tautropfen,
der Blütenstaub –
ich werde zu einem Teil von ihnen.

(Navajo)

GEBET BEI SONNENAUFGANG

Dieses ist der Tag
Heilige Sonne
Ursprung des Lebens
Nun
Da du aufgegangen bist
Und an deiner geweihten Stelle stehst
Die
Von der wir das Wasser des Lebens holen:
Gesegnetes Maismehl
bringe ich dir dar!
Einen ebenen Weg
langes Leben
hohes Alter
heilige Wasser
ehrwürdige Samen vom Mais
gute Gaben
Kraft des Geistes
Gedanken der Stärke
Alle diese mögest du mir gewähren

(Morgengebet der Zuni)

Manche Leute denken, wir richten unsere Gebete an die Sonne. Das ist falsch. Durch die Sonne richten wir unsere Gebete an den Schöpfer der Sonne.

(Äußerung eines Prärie-Indianers)

GEBET DER CHEYENNE

Dein Herz soll im Einklang
mit dem Herzen der Erde schlagen
Du sollst fühlen
dass du ein Teil des Ganzen bist
das dich umgibt

JEDER TEIL DIESES LANDES

...ist meinem Volke heilig. Jeder Hang, jedes Tal, jede Ebene und jedes Gehölz ist geheiligt durch eine zärtliche Erinnerung oder eine traurige Erfahrung meines Stammes.
Sogar die scheinbar stumm in der Sonne brütenden Felsen der Küste in ihrer feierlichen Größe sind getränkt von Erinnerungen an vergangene Ereignisse, die mit dem Schicksal meines Volkes verbunden waren.
Und selbst der Staub unter unseren Füßen antwortet liebevoller auf unsere Schritte als auf eure; denn er ist die Asche unserer Vorfahren, und unsere nackten Füße sind sich der wohlwollenden Berührung bewusst, da der Boden reich ist durch das Leben unserer Familien.

(Chief Seattle, aus der Urfassung seiner Rede von 1854/1887)

UNSER LEBENDER PLANET

Unser lebender Planet ist ein geschlossenes System mit begrenzten Bodenschätzen, die alles sind, was wir haben, um für das Leben auf der Erde sorgen zu können.
In unseren Händen liegt die Verantwortung, die lebenerhaltende Kraft der Erde zu bewahren – der Erde, die unser Zuhause ist und uns alles gibt: vom Wasser zum Trinken bis zu der flüchtigen Schönheit eines vom Tau bedeckten Blütenblattes, das in den Strahlen der Morgensonne wie Quecksilber glänzt.
Und diese Welt ist wertvoll um ihrer selbst willen – einfach deshalb, weil sie existiert, einfach deshalb, weil sie da ist...

(Michael J. Caduto/Joseph Bruchac)

LIED DER ERDE

Alles ruht in Schönheit,
alles ruht in Schönheit,
wahrhaftig, alles ruht in Schönheit.

Jetzt, Mutter Erde
und Vater Himmel
sie begegnen einander
sie vereinigen sich
sie, Gefährten füreinander, immerzu.

Alles ruht in Schönheit,
alles ruht in Schönheit,
wahrhaftig, alles ruht in Schönheit.

Und die Nacht der Dunkelheit
und das Erwachen des Lichtes
sie begegnen einander
sie vereinigen sich
sie, Gefährten füreinander, immerzu.

Alles ruht in Schönheit,
alles ruht in Schönheit,
wahrhaftig, alles ruht in Schönheit.

Und der weiße Mais
und der gelbe Mais,
sie begegnen einander,
sie vereinigen sich
sie, Gefährten füreinander, immerzu.

Alles ruht in Schönheit,
alles ruht in Schönheit,
wahrhaftig, alles ruht in Schönheit.

Und der Blütenstaub des Maises
und die Reifung
sie begegnen einander
sie vereinigen sich
sie, Gefährten füreinander, immerzu.

Alles ruht in Schönheit,
alles ruht in Schönheit,
wahrhaftig, alles ruht in Schönheit.

Leben, das niemals vergeht
Glückseligkeit in allen Dingen

sie begegnen einander
sie vereinigen sich
sie, Gefährten füreinander, immerzu.

Alles ruht in Schönheit,
alles ruht in Schönheit,
wahrhaftig, alles ruht in Schönheit.

Jetzt ruht alles in Schönheit,
Alles ruht in Schönheit.
Wahrhaftig, alles ruht in Schönheit.

(Navajo)

Als Indianer zu leben bedeutete, in einem Maße der Harmonie mit der Welt zu leben. Es gibt keine Geschichte eines Sündenfalls in indianischen Mythen oder Legenden. Kein Gott der Indianer erlaubte den Menschen nur einen Akt des Ungehorsams als die einzige Gelegenheit, in der neu geschaffenen Welt etwas zu verändern. Jeder Stamm hatte Ge-

schichten über die Dummheit, den Irrtum oder die Arroganz des ersten Menschen. Aber es gab da nichts, das als Sünde verstanden wurde...
Deshalb war der Erdboden für die Indianer auch niemals verflucht. Die Natur ist nicht verdorben. Keiner ihrer Götter trieb sie von dem Ort fort, den er gerade mit großem Aufwand für sie geschaffen hatte. Es gibt da keine Ruhelosigkeit oder Heimatlosigkeit, keine Sehnsucht nach etwas Verlorenem, das nicht hier auf Erden, sondern nur im Himmel, wiedergefunden werden kann. Es war gänzlich in Ordnung, ein einfaches »Ja« zur Welt zu sagen...
Wenn indianische Legenden keinen Sündenfall kannten, so kannte ihn doch die indianische Geschichte: Er ereignete sich mit der Ankunft der Weißen; Kolumbus, Cortez und Coronado, Raleigh und Lord Baltimore, Winthrop und Bradford. Sie waren die Schlangen im Garten Eden.

(A. Krupat)

WIE SHINGEBISS DEN NORDWIND BESIEGTE

Es war einmal eine kleine Ente, die Shingebiss hieß. Sie lebte ganz allein in einer kleinen Hütte und war sehr zufrieden und glücklich. Das Häuschen lag am Ufer eines Sees. Immer wenn die kalten Wintertage kamen und der See ganz zugefroren war, flogen all die anderen Enten in wärmere Länder. Nur Shingebiss hatte keine Angst vor der Kälte. Sie sammelte vier große Holzklötze und brachte sie in ihre Hütte. Jeder Klotz war so groß, dass er einen ganzen Monat brennen konnte. Und da es nur vier kalte Monate gab, würden sie den Winter hindurch reichen.

Jeden Morgen ging Shingebiss zum See auf der Suche nach solchen Stellen, an denen die Binsen durch das Eis drangen. Sie zog diese mit ihrem starken Schnabel heraus und fing Fische durch diese Öffnung.

Kabibonokka, der Nordwind, erblickte sie eines Tages und sagte zu sich: »Was ist das für eine seltsame Person? Sie singt und

ist sogar an den kältesten Tagen draußen. Aber ich werde ihr Singen verstummen lassen!«

Und so blies er einen kalten Sturm von Nordwesten, der den See viel tiefer als üblich gefrieren ließ. Aber immer noch kam Shingebiss morgens heraus, fing ihre Fische und ging singend nach Hause.

»Wie seltsam«, sagte der Nordwind, »ich kann sie nicht zum Frieren bringen; ich werde ihrer Hütte einen Besuch abstatten. Vielleicht kann ich das Feuer ausblasen.«

Und so ging er und klopfte an die Tür des Häuschens. Shingebiss war zu Hause. Sie hatte ihren Fisch gekocht und gegessen und lag nun, ein Lied singend, vor dem Feuer. Sie hörte den Nordwind an der Tür, tat aber so, als bemerkte sie ihn nicht. Sie fuhr fort, mit recht lauter Stimme zu singen:

»Gott des Windes, ich kenn' deinen Plan.
Du bist und bleibst mir zugetan.
Blas ruhig den eisigsten Wind und Verderben,
vor Kälte wird Shingebiss dennoch nicht
sterben.
Jag zu mir den schrecklichsten Sturm aller Zeit,
bleibt Shingebiss immer noch an deiner Seit':
Der Freude des Lebens immer gewiss –
wer ist so frei wie Shingebiss?«

Der Nordwind hörte sie und war sehr ärgerlich. Er blies sein kältesten Windstöße unter der Tür hindurch. Shingebiss fühlte das zwar, fuhr aber trotzdem fort zu singen.
Da öffnete der Nordwind die Tür und kam herein. Er setzte sich auch an das Feuer, aber Shingebiss tat, als sähe sie ihn nicht. Sie sang weiter und nahm nach einer Weile den Schürhaken und schürte das Feuer. Es loderte hoch auf, und nach ein paar Minuten rannen Tränen über Kabibonokkas Wangen. Er stieß seinen Stuhl vom Feuer weg und versuchte, seinen eisigen Atem gegen den brennenden Klotz zu blasen. Aber die warme Luft stieß die kalte zurück und hüllte Kabibonokka wie mit einem Mantel ein. Die Tränen rannen ihm nun in

Strömen die Wangen hinunter, und das dicke Eis in seinem langen Bart und in seinem Haar schmolz und bildete Wasserpfützen auf dem Boden. Er konnte es nicht länger aushalten.
Als er aufstand und eilig zur Tür ging, sagte er zu sich selbst: »Ich kann ihr Feuer zwar nicht ausblasen, aber ich werde den See so sehr zufrieren lassen, dass sie keine Fische mehr fangen kann.«
In der Nacht blies er seinen allerkältesten Atem. Am nächsten Morgen war das Eis auf dem See sehr dick. Die tapfere kleine Shingebiss ging von einem Platz zum anderen, um eine dünne Stelle zu finden. Endlich gelang es ihr, doch ein Büschel Binsen herauszureißen; und als sie in das Loch schaute, sah sie eine Menge schöner Fische. Sie sang fröhlich, als sie diese fing, was der Nordwind natürlich hörte. Als er aus seinem Haus herausschaute, sah er, was Shingebiss tat. Zuerst war er sehr ärgerlich, dann aber bekam er auf einmal Angst.
»Dieser Ente hilft sicherlich Manitou«, sagte er, »ich muss sie nun in Ruhe lassen.« Daraufhin ging Kabibonokka wieder in sein Haus, schloss die Tür hinter sich, und Shingebiss sah ihn niemals wieder.

(aus Kanada)

WELTFAMILIE

Alle diese sind verwandt,
alle diese sind Verwandte.

Du, die Macht dort, wo die Sonne untergeht:
Du bist eine Verwandte.

Du, die Macht dort, wo die Sonne aufgeht:
Du bist eine Verwandte.

Du, die Macht dort, wohin wir immer schauen:
Du bist eine Verwandte.

Du, die Macht dort, wo die Stürme brausen:
Du bist eine Verwandte.

Der Himmel ist unser Verwandter.
Die Erde ist unsere Verwandte.

Wir sind alle verwandt;
Wir sind alle eins.

(Lied der Ree-Indianer)

BALD DARAUF SCHICKTE MEIN VATER NACH MIR

Ich sah, dass er im Sterben lag. Ich nahm seine Hand in meine. Er sagte: »Mein Sohn, mein Leib kehrt jetzt zu meiner Mutter, der Erde, zurück, und meine Seele wird sehr bald den Großen Geist sehen. Wenn ich fort bin, dann denke an euer Land. Du bist der Führer dieser Menschen. Sie erwarten von dir, dass du sie führst. Denke immer daran, dass dein Vater dieses Land niemals verkauft hat. Du musst deine Ohren immer verschließen, wenn du aufgefordert wirst, einen Vertrag zu unterschreiben, der euer Heimatland verkauft. Noch ein paar Jahre, und weiße Menschen werden hier überall um euch herum sein. Sie halten ihre

Augen auf dieses Land gerichtet. Mein Sohn, vergiss niemals meine letzten Worte. In diesem Land ruht der Leib deines Vaters. Verkaufe niemals die Gebeine deines Vaters und deiner Mutter.«
Ich drückte die Hand meines Vaters und sagte ihm, dass ich sein Grab mit meinem Leben beschützen würde. Mein Vater lächelte und ging fort in das Land, wo die Geister wohnen. Ich begrub ihn in dem schönen Tal der gewundenen Wasser. Ich liebe dieses Land mehr als den Rest der ganzen Welt.

(Chief Joseph)

LIED AN DAS SIEBENGESTIRN

Sieh wie sie sich erheben
Wie sie aufsteigen über dem Horizont
Der Linie wo Himmel und Erde einander
berühren
die Sterne des Siebengestirns

Schau wie sie emporsteigen
Sie kommen um uns zu geleiten

Sie führen uns sicher
Sie erhalten uns in Einheit
Die Pleiaden
Die Sterne des Siebengestirns

Lehrt uns zu sein wie ihr
– vereint –

(Aus der Hako-Zeremonie der Pawnee)

GEMEINSAM DAS LEBEN UNTERSTÜTZEN

Wir finden, dass diese Auffassung (von der Herrschaft des Menschen über die Natur) im Gegensatz steht zu den Realitäten der natürlichen Welt und zum Charakter des Naturschutzes. Unsere Tradition und unsere Religion fordern, dass die Menschen unseres Volkes ihr Leben und ihre Aktivitäten anpassen an unsere natürliche Umgebung, so dass die Menschen und die Natur gemeinsam und gegenseitig das Leben unterstützen, das ihnen beiden gemeinsam ist. Die Idee, dass der Mensch sich die Natur untertan machen muss, und ihre Wege nach seinen Zwecken zurechtbiegen muss, ist für unsere Menschen abstoßend.

(Aus einem Memorandum der Taos-Pueblo-Indianer vom 4. Mai 1968 für die Unterkommission des US-amerikanischen Kongresses über indianische Angelegenheiten)

ICH BIN EINS MIT DIESER WELT

Meine Worte sind verwoben
mit den hohen Bergen
mit den hohen Felsen
mit den hohen Bäumen
verwoben mit meinem Körper
und mit meinem Herzen
Helft mit alle mit übernatürlicher Kraft
und Du Tag
und Du Nacht
Seht mich alle
ICH BIN EINS MIT DIESER WELT

(Gebet der Yokut)

TAUSENDFÄLTIGE FRUCHT

Wer von den Menschen und Geschöpfen
könnte leben ohne die Sonne

Ihr Licht bringt den Tag
wärmt
und erfreut die Erde mit Regen
aus welchem hervorströmt das Wasser
das wir trinken
und welches den Leib der Erde
tausendfältige Frucht bringen lässt

(Gedanken eines Zuni-Sonnenpriesters)

Die Zuni-Indianer haben, wie alle Pueblo-Völker, eine besondere Beziehung zur Sonne. Sie ist die mächtigste unter ihren Geistwesen. Wenn die Sonne am Morgen aufgeht, wendet sich jeder Zuni-Indianer, der nach den traditionellen Formen lebt, ihr zu, und bringt ihr eine kleine Menge Maismehl dar, während er dieses oder ein ähnliches Gebet spricht.

(R.A. Williamson)

...DASS DIE MUTTER ERDE IM FRÜHJAHR SCHWANGER IST

Wir könnten die Auffassung der Pueblo erwähnen, dass die Mutter Erde im Frühjahr schwanger ist; und dass man sie dann ebenso behutsam behandelt, wie man eine schwangere Frau behandeln würde. Einige Pueblo nehmen (deshalb) im Frühling noch die Absätze von ihren Schuhen und manchmal die Eisen von den Hufen ihrer Pferde ab.
Ich fragte einmal einen Hopi, den ich dort traf: »Wollen Sie damit sagen, dass alles durcheinandergerät und nichts wachsen wird, wenn ich meinen Absatz in die Erde stoße?«
Er antwortete: »Nun, ich weiß nicht, ob das geschehen würde oder nicht. Aber es würde jedenfalls zeigen, was für eine Art Mensch Sie sind.«

(Barre Toelken)

WENN DIE TONERDE SINGT

Indianer, die heute alte Tontöpfe oder Bruchstücke davon finden, sagen, dass alles seine eigene Seele hat – sogar ein zerbrochener Topf.

Sie sagen, die Tonerde erinnert sich an die Hände, die den Topf gemacht haben.

Erinnert sie sich auch an die Maisfelder?

An den Regen im Sommer?

An die Zeremonien, die das Leben zusammenhielten?

Man sagt, dass auch heute noch der Wind manchmal eines jener Lieder findet, die in der Tonerde des Topfes verborgen sind. Und der Wind hebt das Lied aus dem Topf und trägt es die Schlucht hinunter und über den Hügel.

Es ist ein leiser Laut und immer weit entfernt; aber – so sagen sie – manchmal können sie ihn hören.

(Text im Haus von Joanna und Hans Gottlieb in Cubero, Neu-Mexiko)

WORTE EINES SIOUX-INDIANERS AN EINE MAUS

Du bist klein,
aber doch groß genug,
deinen Platz in der Welt auszufüllen.

Du bist zwar schwach,
doch stark genug für deine Arbeit,
denn heilige Mächte stärken dich.

Du bist auch weise,
denn die Weisheit der heiligen Mächte
ist immer bei dir.

Möge ich immer weise sein in meinem Herzen,
denn wenn heilige Weisheit mich führt,
dann wird sich dieses von Schatten verwirrte Leben
in immerwährendes Licht verwandeln.

DER KREIS: EIN MANDALA

Der Sioux-Indianer Black Elk schreibt über die Rolle des Kreises – und damit über die Bedeutung des Mandalas – in der Weltansicht von Indianern:

»Alles, was die Kraft der Welt tut, vollzieht sich in einem Kreis. Der Himmel ist rund, und ich habe gehört, dass die Erde wie eine Kugel rund ist, und so sind alle Sterne. Der Wind, wenn er seine höchste Macht entfaltet, bildet Wirbel. Die Vögel bauen sich runde Nester, denn ihre Religion ist die gleiche wie die unsrige. Die Sonne kommt hervor und geht wieder in einem Kreise nieder. Der Mond tut dasselbe, und beide sind rund. Selbst die Jahreszeiten bilden ihren wechselnden Gang in einem großen Kreis und kehren immer dorthin zurück, von wo sie gekommen sind. Ein Menschenleben ist ein Kreis von Kindheit zu Kindheit, und so verhält es sich mit allem, worin sich Kraft regt. Unsere Tipis waren rund wie Vogelnester, und diese wurden stets in einem Kreise angelegt, dem Ring des Volkes, einem Nest von vielen Nestern...«

STERBELIED AUS DEM MOUNTAIN CHANT DER NAVAJO

Leb wohl mein jüngerer Bruder
Von ihren heiligen Orten
Rufen mich die Götter
Du wirst mich nie wiedersehen

Aber wenn die Regenschauer vorüberziehen
Und der Donner hallt
Dann wirst du sagen
Da ist die Stimme meines älteren Bruders

Und wenn die Ernte kommt
und bunte Vögel und Grashüpfer bringt
Dann wirst du sagen
Darin erkenne ich meinen älteren Bruder

DIE ALTE FRAU LAG IM STERBEN

...in der ihr fremden Sterilität eines Krankenhauses auf der Rosebud-Reservation der Sioux-Indianer im Staate South Dakota im Sommer 1964. Sie bat die Krankenschwester, die Vorhänge aufzuziehen, so dass sie die Berge, die Sonne und den Himmel sehen könne. Dann begann sie mit schwacher Stimme, die keine Furcht verriet, ihr Todeslied zu singen. Die Stimme klang zerbrechlich und undeutlich, aber die letzten Worte waren klar verständlich:

le makoce waste	Dieses Land ist schön
wi kiN	O Sonne
wana	Jetzt
ehake	Zum letzten Mal
waNmayakuwe	Komm und grüße mich

Das immer wiederkehrende Ereignis der Vollendung des Lebenszyklus durch den Tod im hohen Alter ist Teil einer allumfassenden Umwelt von Schönheit, Ausgewogenheit, Glück und Segen.

(Sam D. Gill)

WENN ICH DAS LETZTE LIED SINGE

Lass es schön sein
Wenn ich das letzte Lied singe
Lass es Tag sein
Wenn ich das letzte Lied singe

Ich möchte auf meinen beiden Füßen stehen
Wenn ich das letzte Lied singe

Ich möchte mit meinen Augen hochblicken
Wenn ich das letzte Lied singe

Ich möchte
Dass die Winde meinen Körper umschließen
Wenn ich das letzte Lied singe

Ich möchte
Dass die Sonne auf meinen Körper scheint
Wenn ich das letzte Lied singe

Lass es schön sein
Wenn ich das letzte Lied singe
Lass es Tag sein
Wenn ich das letzte Lied singe

(Indianisches Sterbelied)

3

TANZEN... TANZEN... TANZEN

EINE BEGEGNUNG: TANZ DER KACHINAS

Heiß stand die Mittagssonne über dem Land der Hopi – über der Weite der Wüste Arizonas. Ein kühler, sanfter Wind durchzog das Innere unseres Autos und ließ uns die »unbarmherzige« Sonne nicht spüren, die 40 Grad und mehr. Manchmal hatten wir leise, ein jeder zu sich selbst, gemurmelt: The sun is not merciful. Und doch war ich dankbar für ihre Wärme, für ihren goldenen Schein auf den sich sanft dahinziehenden grünschimmernden Hügeln, den sich flimmernd heiß dahinschlängelnden Straßenbändern, oder den goldbraunen mächtigen Felsen und Felsbrocken...

Selten, ganz selten, begegnete uns ein Pick-up mit einem verhalten und doch zugleich interessiert auf uns Weiße schauenden Indianer. Wir aber waren in Sommerstimmung und weit und offen für alles, was uns die Welt der Indianer schenken mochte.

Wir kamen aus dem Land der Navajo. Wir hatten dort die lautlose Stille über der Wüste gehört; hatten eine Kuh, ein grasendes Pferd zwischen dem kargen Gestrüpp gesehen, manchmal ein kleines Dorf oder eine hinter Hügeln verborgene Siedlung. Oft bestand sie aus einzelnen wenigen Gehöften – wahrscheinlich für die junge Familie – beschützt von Büschen und Bäumen. Etwas abseits entdeckten wir einen der Landschaft völlig angepassten Hogan für die ältere Generation: sechseckig gebaut mit der Tür nach Osten, der aufgehenden Sonne entgegen.

Ohne erkennbaren Übergang fanden wir uns im Land der Hopi wieder.

Und da tauchte in der Ferne rechts ein kleines Dorf auf. Das musste Bakavi sein, an der Dritten Mesa, unser Ziel an diesem Tag. Wir sahen Menschen auf den Hausdächern dichtgedrängt stehen und wussten, hier findet der Maskentanz statt.

Wir dürfen nicht fotografieren!
Total verboten!
Es stört die Heiligkeit des Augenblicks, die Andacht dieses Tanzes an diesem Tag.
Wir ließen unser Auto am Rand des Dorfes stehen und gingen lautlos den sandigen Dorfweg entlang. Ein schmaler Gang zwischen Häusern führte uns auf den viereckigen Dorfplatz.
Wie angewurzelt standen wir da.
Stille herrschte auf der Plaza.
Genau 12 Uhr.
Die Welt erschien mir wie in einen Traum gewandelt. Die indianische Männerwelt in ihren traditionellen, weißen, farbigen, harmonischen Gewändern wartete in der Mitte des Platzes auf das Zeichen für den nächsten Kachina-Tanz. Ich zählte an die hundert Tänzer und erkannte etwas abseits den Chor – ganz in beige-braun gekleidete Männer, 39 an der Zahl. Ringsherum an der Plaza saßen Frauen und Männer: junge Frauen mit ihren Kindern, deren blauschwarzes langes Haar mit silbernem

Schein in der Sonne leuchtete; alte Frauen mit Silberfäden in ihren langen schwarzen Zöpfen.

Wir drückten uns in den schmalen Schatten einer lehmverstrichenen Häuserwand, und ich konnte von dort dieses Ritual zum ersten Mal miterleben.

Vier würdige, ganz in Weiß gekleidete sehr alte Indianer leiteten die Zeremonie. Der dumpfe dunkle Ton der Trommeln, der gleichförmige Gesang der Sänger, das Geräusch der tanzenden stampfenden braunen Füße auf dem sandigen Boden der Plaza schienen wie ein einziger kosmischer Klang in das Blau des Wüstenhimmels aufzusteigen. Die Indianer unter ihren Masken schienen sich in Kachinas verwandelt zu haben – in die verehrten Geistwesen der Hopi.

Für mich war es wie eine Offenbarung aus einer anderen Welt!

Nach dem Tanz verschwanden die Tänzer in den Kivas, ihren heiligen unterirdischen Räumen, um sich dort von der Anstrengung zu

erholen und sich auf den nächsten Tanz einzustimmen.
In den letzten Strahlen der Abendsonne brach – für uns unvermutet – eine ungeheure Fröhlichkeit auf. Die Gaben und Geschenke der Kachinas, die Früchte der Erde, flogen auf die Dächer zu den jubelnden Kindern und Jugendlichen – zu den alten und weisen Frauen und Männern rings um uns herum.
Auch wir jubelten mit –
mit einer Erdnusstüte in der Hand.

(Rita Kaiser)

TANZ UND RELIGION

Ein ganztägiger religiöser Tanz ist in Wirklichkeit ein dramatisiertes Gebet, bei dem die Bitten der Menschen mit den unentwegt stampfenden Füßen in den Boden hineingetanzt werden. Es gehört für mich immer wieder zu den eindrucksvollsten und erregendsten Erlebnissen überhaupt: Man steht auf dem Dach eines Hauses auf einer Mesa; ringsum erstreckt sich das Land wie ein grenzenloses Meer; die Weite eines endlosen blauen Himmels wölbt sich über den Dörfern und der Landschaft. Plötzlich hört man klappernde und rasselnde Geräusche: Aus den unterirdischen Kammern, den Kivas (wo schon viele Tage nicht-öffentliche Gebete und Riten vollzogen wurden) tau-

chen langsam maskierte Tänzer auf – anscheinend eine endlose Reihe; umständlich formieren sie sich auf der Plaza in Linie oder Kreis; dann beginnt der Tanz, eine Liturgie, die sich mit Unterbrechungen durch den ganzen Tag hinzieht:
Dabei hört man unentwegt das »irdene« Stampfen der Füße; den Ton der Kürbisrasseln in den Händen der tanzenden Männer; den tiefen dröhnenden Herzschlag einer großen Trommel; das dumpfe Gemurmel und Summen der Männerstimmen. Alle diese Laute scheinen die Geräusche der erflehten Naturerscheinungen vorwegzunehmen: den prasselnden Regen; die rauschenden Bäche; Blitz und Donner; den Herzschlag der Erde.
Durch die Abstrahlung konzentrierter psychischer, physischer und spiritueller Energie versuchen die Tänzer, die Naturkräfte in ihrem Sinne zu beeinflussen. Denn nach ihrer Weltansicht wissen sich diese Menschen mit den Erscheinungen der Natur in einem unendlichen Gewebe verbunden. Wenn man diese Auffassung teilt, ist es gar keine Frage mehr, dass gegenseitige Beeinflussungen in diesem umfassenden und vernetzten System der gesamten

Wirklichkeit möglich sind und tatsächlich dauernd stattfinden.
Wenn es dann gelingt, dass schon während des Tanzes der erflehte Regen beginnt – ich habe das ein paar Mal erlebt – dann scheint sich die Energie der Tänzer noch um ein Vielfaches zu steigern: Sie erleben die unmittelbare Wirksamkeit ihres Betens und Tuns; sie wissen sich eins mit den Kräften der Natur.

INDIANER WOLLEN TANZEN!

Dadurch bringen sie ihre Frömmigkeit zum
Ausdruck,
ihre Kommunion mit den unsichtbaren Mächten
und ihre Stammesidentität.

Wenn das Herz des Lakota von tiefen Gefühlen
erfüllt war,
dann tanzte er.

Wenn er die Segnungen der wärmenden Strahlen
der Sonne fühlte,
dann tanzte er.

Wenn sein Blut erhitzt war vom Erfolg einer
Jagd,
dann tanzte er.

Wenn sein Herz erfüllt war vom Mitleid für
das Waisenkind, für den einsamen Vater oder
für die hinterbliebene Mutter,
dann tanzte er.

Alle Freude und Begeisterung des Lebens,
alle seine Dankbarkeit,
all seine Erfahrung der geheimnisvollen Macht,
die das Leben leitet,
und alle seine Hoffnungen auf ein besseres Leben,
fanden ihren Höhepunkt in einem großen Tanz–
dem Sonnentanz.

(Chief Standing Bear)

BÜFFELTANZ

Riten und Zeremonien sind und waren Ausdruck der Religiosität von Indianern. Da die belebte wie auch die unbelebte Natur nach ihrer Auffassung von göttlichen Kräften und göttlicher Wirklichkeit durchdrungen und erfüllt ist, verstanden/verstehen sich Indianer im allgemeinen als Teil der Natur, nicht als deren Gegenteil. Da außerdem alle Wirklichkeit durch spirituelle Verbindungslinien miteinander vernetzt war/ist, konnten die Menschen durch ihr Denken und Tun Einfluss auf andere Sphären der Wirklichkeit nehmen – so wie sie selbst dauernd von dort beeinflusst wurden.
Ein Büffeltänzer versuchte, in einem Ritual mit dem zu jagenden Bison in spirituellen Kontakt zu treten, um so die Tötung des Tieres, die eigentlich eine Störung der göttlichen Ordnung bedeutete, zu erläutern und zu rechtfertigen.

Die Büffeljagd von Indianern muss nicht »humaner« gewesen sein als die von Weißen. Sie ging aber von der Voraussetzung aus, dass der Büffel – wie der Mensch – seinen Platz in der spirituellen Seinsordnung hat, und die Tötung eines Tieres aus menschlicher Notwendigkeit heraus gerechtfertigt und erläutert werden muss.

ALS GANZES GESEHEN...

... verkörpern die Tänze der Indianer ein allgemein menschliches Bedürfnis,
sich mit jenen Schwingungsgesetzen in rhythmischen Einklang zu bringen,
die allen belebten und unbelebten Dingen zugrundeliegen:

von den tanzenden Partikeln des Atoms
bis zum Rhythmus der weiten Wälder,
der gewaltigen Ozeane und der Planeten,
die sich rund um die Sonne bewegen.

(Evans-Wentz)

EIN TANZ WÄCHST IN SCHICHTEN

Ich sagte, »ja, das verstehe ich. Ich kenne einen Tanz, der auch so aussieht. Er macht deshalb solche Freude, weil alle Menschen dabei zusammen sind, sie machen die gleichen Tanzschritte und kommen mit beiden Füßen an der gleichen Stelle nieder wie der Tänzer vor ihnen. So wächst der Tanz in Schichten. Die Tänzer machen die Schichten zusammen, als wenn sie sagen wollten: Wir alle zusammen machen ein Ganzes.«

(Joan Messner)

DER SPERBER UND DIE EIDECHSE

Am Felsrand des Tafelberges der Dritten Mesa lebte ein Sperber. Jeden Tag saß er am Rand der Mesa und hielt Ausschau nach Insekten, Käfern und Eidechsen. Er hatte sehr gute Augen und konnte meilenweit sehen.
Am Fuße der Mesa lebte eine Eidechse in einer Felsspalte. Diese Eidechse war nicht besonders gescheit. Sie machte sich oft einen Spass daraus, den Sperber zu ärgern. Sie wartete immer, bis der Sperber auf seinem Ausguckfelsen saß und sie sehen konnte; dann kam sie aus ihrer Felsspalte hervor und rannte schnell wieder in sie zurück.
Eines Morgens war die Eidechse besonders mutig. Sie kam aus ihrer Spalte heraus und kletterte auf einen kleinen Felsvorsprung. Zuerst sah sie sich nach allen Seiten um, dann schaute sie zum Sperber hinauf. Dann begann sie zu tanzen,

wobei sie den Sperber immer gut im Auge behielt.
Während die Eidechse tanzte, sang sie ein Lied:
Du könntest mal versuchen, mich zu
fangen.
Bin fett und saftig und leicht zu erlangen.
Als sie ihr Lied und ihren Tanz beendet hatte, rannte sie ganz schnell wieder in ihre Felsspalte. Dies tat sie den ganzen Tag über immer und immer wieder, und nach dem Tanz und dem Lied huschte sie jedesmal schnell in ihr Loch.
Wie der Sperber die Eidechse so beobachtete, wurde er sehr ärgerlich. Er sagte zu sich selbst: › Ich werde diese dumme Eidechse fangen und nachsehen, wie fett sie wirklich ist.‹ Er schaute sich um auf der Mesa und fand einen weißen Stein, der einem Sperber ähnelte. Diesen stellte er an die Stelle, auf der er normalerweise selbst saß. Dann flog er ins Tal hinunter und versteckte sich unter dem schmalen Vorsprung, auf dem die Eidechse getanzt hatte..., und er wartete.
Ganz langsam steckte die Eidechse ihren Kopf aus ihrer Felsspalte heraus, um nachzusehen, ob der Sperber immer noch dort oben saß. Wie sie erwartet hatte, sah sie ihn immer noch auf dem Fels sitzen. Und so kam sie aus ihrem Loch

heraus und sang und tanzte. Während sie dies tat, beobachtete sie den weißen Felsen oben auf dem Felsvorsprung über ihr. Sie sprach zu sich selbst: ›Dieser Sperber wird mich niemals erwischen. Ich bin viel zu schnell für ihn.‹
Als sie aber ihren Tanz beendet hatte und in ihre Felsspalte schlüpfen wollte, flog der Sperber rasch aus seinem Versteck hervor und packte die arme Eidechse. In seinen Krallen trug er sie hinauf zum Rande der Mesa.
Dort untersuchte er die Eidechse und stellte fest, dass absolut kein Fett an ihr war. Sie war tatsächlich die dünnste Eidechse, die der Sperber jemals gesehen hatte.
Darauf ließ er sie wieder frei.

(Hopi)

HOPI-TANZ-ZEREMONIE

Hopi-Rituale... vereinigen die Willenskraft und die geistigen Energien des Menschen mit den inneren Organismen und Empfänglichkeiten aller Schöpfung.

Diese Zeremonien sind es, mit denen der Hopi die Harmonie in seiner Umwelt erhält und erneuert...

Es war eine seltsame, staunenerregende und überwältigende Szene.

Plötzlich traten die Männer ans Tageslicht, heraus aus der Erde, heraus aus ihren unterirdischen Tempeln. Harmonisch und in tiefer Konzentration bewegten sie sich auf und nieder und stampften zu einem gleichmäßigen Takt mit gebeugten Knien auf den Boden.

Mit ihren nach oben gerichteten Gesten zogen sie symbolisch die Nährstoffe aus der Erde in die Getreideschösslinge.

Danach schütteten sie bei verändertem Rhythmus mit erhobenen Köpfen symbolisch Regen vom Himmel, um das Wachsen des Getreides zu unterstützen.
In dieser Weise tanzten sie Stunde um Stunde, ohne in ihren Kräften nachzulassen, nur unterbrochen von wenigen Pausen.
Ihr Wollen und ihre geistigen Energien schienen sich miteinander und mit der ganzen Schöpfung zu vereinen.
Es war eine Art der Andacht, wie ich sie bis dahin noch nie erlebt hatte..., es war geistige und gemeinschaftliche Energie, die sich selbst zur Entäußerung zwang.
Die Tänzer bewegten und dirigierten die Lebenskräfte, die dem Menschen und aller Schöpfung innewohnen.

(Gary Witherspoon)

TÄNZE – ZEREMONIEN – GEBETE

Die Tänze der Weißen sind nur soziale Angelegenheiten. Unsere Tänze aber haben religiöse Bedeutung.

(Alfred Bobman, Navajo)

WENN ICH TANZE...

... finde ich meine Mitte
bin ich geborgen
bin ich ganz

(N.N.-M., Indianerin aus dem Pueblo Santa Clara)

4

BESUCH BEI DEN HOPI-INDIANERN

EINE BEGEGNUNG: AUF DEM WEG ZUR HOPI-RESERVATION

Es ist der 23. Juli. Hochsommer in Arizona. Zum vierten Male innerhalb von sieben Jahren steuere ich meinen amerikanischen Leihwagen über die Grenze, die zwischen den Reservationen der Navajo- und der Hopi-Indianer verläuft. Schon das Gebiet der Navajo, das die Reservation der Hopi insgesamt umschließt, strotzt keineswegs von Fruchtbarkeit: Nur selten sieht man einige reifende Maisfelder; sonst nur hügeliges Grasland; karges Futter für Schafe und Ziegen.

Und doch: Im Vergleich zu dem Land der Hopi-Indianer scheinen die Navajo das bessere Los gezogen zu haben. Denn hinter der Grenze zwischen den beiden Reservationen wandelt

sich die Grassteppe langsam zu einer Steinwüste; kahl, majestätisch, hart. Und nun erheben sich auch die Tafelberge – die bekannten Hopi-Mesas – aus der Landschaft: gewaltige, felsige Hochflächen, deren Ränder bröckeln, und die so seit Jahrhunderttausenden die weiten Ebenen darunter mit großen und kleinen Steinbrocken übersäen.
Mitten zwischen diesen Felsklötzen am Fuße der Mesas, und auch auf ihren Höhen, erkenne ich menschliche Behausungen: Häuser aus Stein, die aus dieser Landschaft herauszuwachsen scheinen, wie die Steinquader der Tafelberge. Ich muss zweimal hinschauen, um Felsen und Häuser voneinander unterscheiden zu können. Die Hand der Natur und die Hand des Menschen bauen hier offensichtlich nach ähnlichen Plänen und mit ähnlichem Material. Vor allem die Dörfer auf den Höhen der Tafelberge passen sich der Struktur ihres Untergrundes an, und erscheinen aus der Ferne wie winzige Auswüchse des Felsmassivs, auf dem sie sitzen.
Menschliche Gestalten sind bei dieser Entfernung in dieser grandiosen Landschaft nicht auszumachen. Alles scheint Natur zu sein – Natur am ersten Schöpfungstag.

In der Ferne sehe ich am sonnendurchfluteten Himmel zwei Gewitter getrennt voneinander niedergehen. Blitze zucken. Die Regenschauer hängen vom Himmel herab wie die Fäden eines kosmischen Webstuhls. Und durch diese hängenden Fäden schießen die Strahlen der Nachmittagssonne rosafarbene Querbahnen. Das Gewebe aus Regenschauern und Sonnenstrahlen bildet ein Muster, das Erde und Himmel miteinander zu verbinden scheint:

O unsere Mutter die Erde,
O unser Vater der Himmel.
Eure Kinder sind wir,
und mit müden Rücken bringen wir euch
die Geschenke, die ihr liebt.
Dann webt für uns ein Gewand aus Licht:
Möge der Kettfaden
das weiße Licht des Morgens sein;
möge der Schussfaden
das rote Licht des Abends sein;
möge der Saum
der fallende Regen sein;
möge die Umsäumung
der stehende Regenbogen sein.

So webt für uns ein Gewand aus Licht.
Auf dass wir angemessen gehen können,
wo die Vögel singen.
Auf dass wir angemessen gehen können,
wo das Gras grün ist.
O unsere Mutter die Erde,
O unser Vater der Himmel.

(Pueblo)

Als ich nach einer halben Stunde mit meinem Auto die Gegend erreiche, wo eines der Gewitter niedergegangen ist, sind Straßen und Land trocken und heiß. Ich steige aus dem Auto, um mich zu überzeugen. Die Strahlen der Sonne, durch keinerlei Wolkenschleier mehr gedämpft, scheinen die Haut zu durchbohren. Ich habe das Bedürfnis, den nächsten Schatten aufzusuchen; doch der ist hier rar. Die Luft ist so trocken, dass ich es im Munde geradezu schmecke. Ein nichtenden-wollendes Gefühl des Durstes stellt sich ein. Ich erinnere mich an frühere Erfahrungen in diesem Lande: Nicht nur ist der steinige Boden nach einem Regenguss bald wieder ausgetrocknet. Es passiert auch, dass man es in der Ferne regnen sieht, dieser Regen aber den Boden

gar nicht erst erreicht. Er verdunstet schon vorher in der trockenen Luft.
Bei jeder neuen Ankunft in diesem Lande bestürmen mich immer wieder diese Fragen: Was hat Menschen veranlassen können, vor vielen Jahrhunderten in dieser trockenen Hochland-Wüste, in diesem steinigen, unfruchtbaren und schwer zu erschließenden Land zu siedeln? Und nicht nur das: In den Mythen der Hopi-Indianer ist dies nicht ein widriges Land, das sie mit harter Arbeit unterwerfen und bezwingen müssen. Vielmehr ist es ihre »Mutter Erde«, die ihnen vom Großen Geist Massau'u am Beginn dieser Welt anvertraut wurde; die ihnen das Leben und das Überleben ermöglichte; die zu pflegen und zu hüten sie sich berufen wissen, und deren gottgegebene Balance sie zu erhalten haben.
Als ich dann am Prophezeiungsfelsen der Hopi in der Nähe des Dorfes Oraibi stehe, bin ich erneut bewegt von diesem Natur-Szenarium: Welches Durcheinander von Steinklötzen und Felsblöcken umgibt mich hier! Welche majestätische Kargheit! Und auf einen riesigen Block, der sein flaches Gesicht genau der aufgehenden Sonne zuwendet, hat nun jemand diese Zeichnung geritzt:

Über ein endloses, weites, trostloses und doch so grandioses Land blickt dieser Fels seit unvordenklichen Zeiten in steinerner Gelassenheit. Ein paar Weihegaben liegen zu seinen Füßen. Darunter eine Gebetsfeder.
Am späten Abend, in meinem Quartier im Dorf Kykotsmovi, gehe ich nach draußen und blicke hoch zu den Sternen. Wiederum bin ich überwältigt von der Pracht dieser Natur. Kein künstliches Licht stört die Reinheit des Lichtes aus dem Kosmos. Keine Luftfeuchtigkeit und kein Dunst dämpfen die Brillanz der Sterne. Ich scheine ihnen unendlich nahegerückt. Zum ersten Mal erlebe ich die Sterne als Teil meiner Welt; zum ersten Mal erlebe ich sie gestaffelt in der Tiefe: einige zum Greifen nahe, andere unendlich fern. Und auch zwischen den strahlenden Brillanten erkenne ich große Lichtfelder.
Sommertags schlafen Hopi-Indianer gern auf ihren Hausdächern: Welche Bilder prägt ein solcher Sternenhimmel dann in ihre Seelen ?!

LEBEN

ist mein wirklicher Besitz
die Ewigkeit dieses Augenblicks
dieses Raumes
dieses Gefühls
ein sanfter Laut
kommt von diesen heiligen Höhen
Wäldern
Seen

er spricht
von einer heiligen Art zu leben
dem Weg des Friedens
und des Lichtes
der allen Geschöpfen Freiheit bringt
so dass sie sehen

LEBEN IST EWIG

(Gebet einer Hopi-Frau)

MORGEN-RITUAL

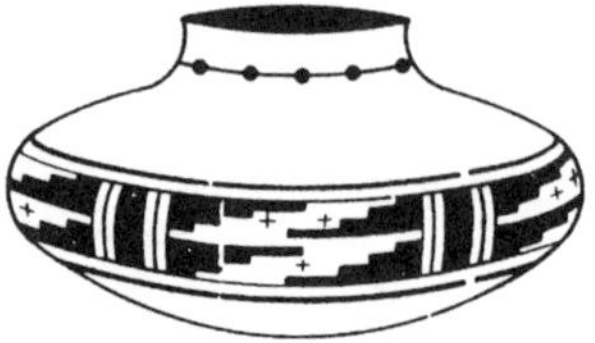

Die Hopi-Indianerin Polingaysi erinnert sich ihrer eigenen Kindheit:
»Polingaysi konnte sich an keinen Tag erinnern, an dem sie nicht mit ihrer Mutter, ihren Vettern, Kusinen und Tanten zum Rand des Tafelberges gegangen war, um ihr Morgengebet zu sprechen. Zuerst reinigten sie sich von dem Bösen, das sich in den letzten 24 Stunden in ihnen angesammelt hatte...; dann waren sie bereit, dem neuen Tag ihr Gesicht zuzuwenden. Sie atmeten auf das Maismehl in ihren Händen und sprachen dabei Bittgebete für ein langes Leben und gute Gesundheit. Dann streuten sie dieses Mehl aus, der aufgehenden Sonne entgegen, und brachten es so der geistigen Welt dar.
Wenn dann die ersten wärmenden Sonnenstrahlen über den Horizont glitten und sie mit goldenen Fingern berührten, streckten sie ihre

Arme aus, zogen in symbolischer Weise die Strahlen zu sich her und bargen sie an ihren Körpern. Unterdessen atmeten sie tief ein und beteten, dass sie an Körper, Gesicht und Herz schön gestaltet werden möchten. So, versehen mit dem Gewand alles Guten und Schönen, und beschützt vor dem Bösen, waren sie gestärkt, um dem Tag und seinen Problemen zu begegnen...

Ihre Religion war nicht eine sonntägliche Angelegenheit; es war eine tägliche, stündliche, unentwegte Verbindung mit der Quelle, dem Schöpfer, von dem alle Dinge kamen: die großen und die kleinen; die beseelten und die unbeseelten. Er war die Kraft hinter den Wolken-Wesenheiten, hinter den Regen-Wesenheiten, hinter den Kachinas, hinter all den Kräften, die von den Hopi anerkannt und respektiert wurden.«

(Polingaysi = Elizabeth White)

BALANCE IM HOPI-KOSMOS

Wenn es auch so scheint, als nähmen die Männer in der Hopi-Gesellschaft eine mehr randständige Position ein, so gilt doch das bei den Hopi – und in anderen indianischen Kulturen – zentrale Prinzip der Balance auch für die Beziehung von Mann und Frau: Beide gemeinsam halten die Erde im Gleichgewicht, so wie auch Vater Sonne und Mutter Erde es tun. Männer und Frauen haben zwar unterschiedliche Pflichten und Charaktere, aber sie sind gleich wichtig für ein ausbalanciertes Universum.

Diese umfassende Balance im ganzen kosmischen Geschehen ist eines der entscheidenden Grundprinzipien im Denken der Hopi. Durch göttliche Schöpferkräfte wurde die Balance in die Welt hineingelegt; der Mensch ist nun aufgerufen, diese Balance zu erhalten – oder sie wiederherzustellen, wenn sie einmal an einer Stelle gestört ist. Jeder Krieg, jede Krankheit, jedes Unglück stellt einen solchen Verlust kosmischen Gleichgewichts an einer Stelle des Gesamtgefüges dar. – Eine der wichtigsten Aufgaben der religiösen Zeremonien der Hopi besteht in der Erhaltung oder der Wiederherstellung dieser universalen Balance.

»DAS MOTEL IST BESETZT«

J.F. war ein alter, reinblütiger, dunkelhäutiger Hopi von mehr als 80 Jahren. Von ihm hatte ich bei einem meiner Studienaufenthalte eine Unterkunft auf der Reservation gemietet, er war also mein »landlord«. Er besuchte mich wiederholt in meinem Quartier, und ich lernte viel von ihm über das Denken der Hopi.
Eines Tages erzählte er mir: Er hatte sein Auto wenige Tage vorher zur Reparatur gebracht. So war er in die nächste Stadt, Flagstaff, gefahren

– eine Reise von fast 200 Kilometern. Da die Reparatur am gleichen Tag nicht erledigt werden konnte, beschloss er, dort zu übernachten. Er suchte also ein Motel auf.
Wer amerikanische Städte kennt, weiß, dass an den Ausfallstraßen Motels in der Regel aufgereiht sind wie Perlen an einer Schnur. So auch in Flagstaff. Der Kunde hat also freie Auswahl. Nicht so dieser alte, dunkelhäutige Hopi J.F.! Beim ersten Motel sagte die Besitzerin, es sei besetzt. Auch das zweite war angeblich besetzt, obwohl J.F. zu sehen meinte, dass die meisten Zimmer leer waren und nur wenige Autos vor den Zimmern standen. Beim dritten Motel riss ihm der Geduldsfaden, und er sagte der Empfangsdame ins Gesicht, dass sie nur deshalb das Motel für besetzt erkläre, weil er ein alter Indianer sei. Im sechsten Motel schließlich, das ein wenig heruntergekommen aussah, wurde er freundlich und ohne jede Bedenken aufgenommen und konnte dort die Nacht verbringen.
Als er nach seiner Rückkehr von Flagstaff zu mir kam und mir das alles berichtete, war er bitter, zornig und verletzt – aber in seinen Augen blitzte auch Spott auf. Ich hatte das Gefühl, dass er diese Geschichte dringend bei mir los-

werden musste. Zwar Weißer, aber nicht Amerikaner, war ich für ihn in dieser Situation der richtige Adressat.

ICH –

ich bin eins mit dem Geist der Erde

Die Füße der Erde sind auch meine Füße
Die Beine der Erde sind auch meine Beine
Die Kräfte der Erde durchdringen mich
Die Gedanken der Erde sind auch meine Gedanken

Die Stimme der Erde ist auch meine Stimme
Alle Dinge der Erde sind auch meine Dinge
Mich umgeben die Dinge der Erde

Ich singe ihr Lied

(Hopi-Gebet)

Die Welt besteht für Indianer nicht aus irdischen und religiösen Teilstücken, sondern sie ist ein unteilbares Ganzes, eine Einheit. Indianer sind überzeugt, dass spirituelle Kräfte allgegenwärtig sind.

(Evans-Wentz)

»IHR LEIDET AN EUCH SELBST«

Während meiner Arbeit an der Universität des Staates Arizona in Tucson lebe ich eine Woche bei einem Professor dieser Universität. Er ist mit einer Indianerin verheiratet, die mütterlicherseits vom Volk der Pueblo, väterlicherseits vom Volk der Hopi abstammt. Jetzt wohnt sie in dieser Riesenstadt von nahezu einer Million Einwohner, unweit der Grenze zu Mexiko. Sie ist zurückhaltend und still; ihre Grundhaltung jedoch ausgesprochen entspannt, gelassen, heiter.

Am letzten Tag meines Aufenthaltes fahren wir zusammen in das Desert-Museum und die Filmstadt Old Tucson, beide in der Wüste außerhalb der Stadt Tucson gelegen. M. geht jetzt etwas mehr aus sich heraus und erzählt von ihrer Jugend im Pueblo und den engen Sozialbeziehungen innerhalb der Großfamilie dort. Zu ihrem Bild von den Weißen in ihrer Kindheit sagt sie, dass sie immer gemeint habe, die Weißen seien »hurting« – also verletzend, aggressiv in ihrem Verhalten gegenüber anderen Menschen, zumal gegenüber Indianern.

Inzwischen aber sei sie der Ursache dieses Verhaltens der Weißen nähergekommen: Nun verstehe sie diese nicht mehr so sehr als »hurting«, sondern vielmehr als »hurt« – also als Verletzte, als selbst Geschädigte. »Ihr leidet an euch selbst.« Es wird deutlich, dass sie Weiße als Menschen ansieht, die durch ihre eigene Kultur, durch die Strukturen ihres praktischen Materialismus, durch die Vereinzelung und das Gegeneinander in ihrer Gesellschaft selbst Geschädigte und Verletzte sind; denen es darum an Gelassenheit und Heiterkeit mangelt; und die deshalb so oft gegenüber anderen Menschen verletzend und aggressiv sind: mehr »hurt« als »hurting«.

SPINNWEIB - SPIDER WOMAN

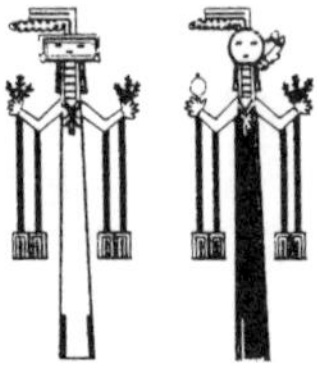

In der Bedeutung von »Spider Woman« können wir vielleicht ein Bild der Hopi-Kosmologie erkennen: Alle Wirklichkeit ist miteinander verknüpft wie das Gewebe einer Spinne. Die Spinne aber webt alles, erschafft alle Wirklichkeit aus ihrem eigenen Leibe, aus ihrem eigenen Sein heraus. So ruht sie nicht in unnahbarer Ferne von ihrer Schöpfung wie ein transzendenter Schöpfergott; sondern sie ist ein Bild der immanenten Kraft einer sich fortlaufend weiterentwickelnden Schöpfung.
Die beiden Enkel von »Spider Woman« haben ihren Platz an den beiden Polen der Erde. Dort halten sie die Erdachse im Gleichgewicht und in gleichmäßiger Drehung. Wenn sie unachtsam sind, kann es zu Un-Gleichgewichten kommen, z. B. zu Erdbeben. In diesen Zwillingen hat der Grundgedanke der kosmischen Balance also gewissermaßen personalisierte Gestalt angenommen.

Der Kosmos ist nach der Glaubensüberzeugung der Hopi ein komplexes System natürlicher und zugleich spiritueller Kräfte, die sich im Idealfall und nach der Absicht des Schöpfers in Balance befinden. Ohne diese kann letztlich kein Leben auf der Erde existieren. Deshalb ist es so wichtig, diese Balance zu erhalten bzw. sie immer wieder herzustellen, wenn sie an einer Stelle des großen vernetzten Gefüges verlorengegangen ist. Dieses ist vor allem der Auftrag an die Hopi, die diese Aufgabe durch ihre Zeremonien und durch ein Leben der Gerechtigkeit und Friedfertigkeit in Übereinstimmung mit den Weisungen des Großen Geistes wahrzunehmen suchen.

SPIEGELBILDLICHE WELTEN

Die Hopi glauben an ein Leben nach dem Tod. Dabei ist die zukünftige Welt dieser Welt hier ähnlich, nur steht sie in jeder Weise unter umgekehrten Vorzeichen: Wenn hier ein Mensch stirbt, wird dort einer geboren, und umgekehrt; wenn hier Winter ist, ist dort Sommer; wenn hier Tag ist, ist dort Nacht – und jeweils umgekehrt. Die andere Welt ist also ein Spiegelbild dieser Welt, und beide Welten stehen in einer engen, sich gegenseitig unterstützenden Beziehung zueinander. Die Toten sind nicht ›vergangen‹, sondern für Ansprache und Gebet lebender Menschen zugänglich.

»In einigen Kulturen wird der Tod durch Tabus und Geheimnisse verschleiert, selten diskutiert und sehr gefürchtet. Bei den Hopi ist er ein natürlicher Teil des Lebens, vorgesehen seit Anbeginn der Zeit; jedes neue Leben bereitet sich von seinem Beginn an darauf vor.

Es ist zwar eine Zeit des Kummers, aber es ist auch eine Zeit, bei der die Mitglieder der Familie zusammenkommen, um denjenigen liebevoll zu unterstützen, der dabei ist, in die geistige Welt einzugehen. Der Übergang von diesem Leben zum nächsten kann – wenn man sich während des Lebens darauf vorbereitet hat – friedvoll sein für alle, die dadurch betroffen sind. Sie wissen, dass dieses nicht das Ende eines Lebens ist, sondern der Beginn eines neuen. Der geliebte Mensch, der nun fortgeht, wird dann für immer bei ihnen sein; als ein Teil der Natur wird er eine aktive Rolle in ihrem Leben übernehmen. Leben und Liebe sind – in der Welt der Hopi – ewig. Der Tod ist nur ein Augenblick in der Zeit...

Die Hopi glauben, dass man eine andere Art eines lebenden Wesens wird, wenn man den Körper abstreift. Man kommt vielleicht wieder als Wolke und bringt den Menschen Nahrung, Kühle und Frieden. Man hört nie auf, man lebt weiter. Was sich verwandelt, ist das, was man ist: Erst ist man ein Kind und empfängt viel; dann ist man ein Erwachsener und tut viel; und später als Geist, gibt man viel.«

(Greg Lyon-Loftus)

ZWISCHEN DEN KULTUREN

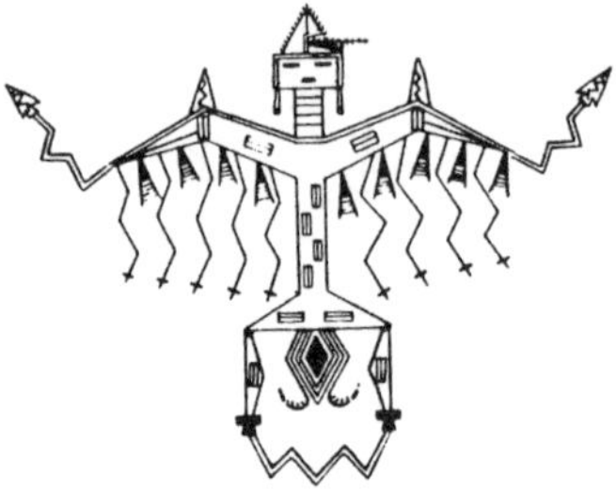

Die Hopi-Indianerin Polingaysi Qoyawayma (= »Schmetterling, der sich im sanften Wind zwischen den Blumen wiegt«) wurde im Jahre 1892 im Dorf Oraibi geboren. Als Kind erlebte sie die heftigen Auseinandersetzungen in ihrem Heimatdorf zwischen den beiden Fraktionen, die entweder für eine Ablehnung oder für eine Annahme der Kultur der Weißen eintraten.

Obwohl Polingaysi nur Hopi-Blut in ihren Adern hatte und auch ganz in der Tradition der Hopi erzogen worden war, zeigte sie schon sehr früh Interesse an der Kultur der Weißen. Während ihre Mutter sie vor den Soldaten versteckte, die sie mit anderen Hopi-Kindern in die Schule holen wollten, waren ihre Neugier und ihr Interesse an den Weißen doch so ausgeprägt, dass sie eines Tages aus eigener Initiative zur Schule ins Nachbardorf ging, um sich einschulen zu lassen.

Damit begann eine Auseinandersetzung, die das ganze Leben Polingaysis bestimmte: Einerseits konnte sie nie die Einflüsse ihrer Hopi-Erziehung abstreifen; andererseits wollte sie immer mehr von der weiten Welt kennenlernen. Sie besuchte schließlich ein College und wurde Lehrerin. Auch zum christlichen Glauben war sie übergetreten. Aber immer wieder fand in ihrem Inneren eine heftige Auseinandersetzung zwischen den beiden Kulturen statt.

Mit ihren in der Hopi-Tradition verwurzelten Eltern gab es ebenfalls Auseinandersetzungen, obwohl diese sich gegenüber ihrer gebildeten und weit gereisten Tochter nicht engherzig verhielten, sondern ihr anderes Leben still akzeptierten.

Nach ihrem Ausscheiden aus dem Schuldienst (1954) kehrte sie in ihr elterliches Haus auf der Reservation zurück und machte sich dann noch als Töpferin einen Namen: 1975 erhielt sie für

ihre Kunst den »Heard Museum Prize«. – Zeitweise unterhielt sie eine Art »Pension« in ihrem Haus. Wie sie mir 1983 erzählte, als ich sie besuchte, war Ernest Hemingway einmal ihr Pensionsgast gewesen.
Polingaysi, die in der Welt der Weißen den Namen Elizabeth White trug, hat ihre Lebensgeschichte in dem Buch ›No Turning Back‹ (Albuquerque N.M. 1964) in der 3. Person niedergelegt. In einem der Kapitel wird bei einem Gespräch zwischen ihr und ihren Eltern die Auseinandersetzung zwischen den Kulturen besonders anschaulich und deutlich. Es geht dabei u.a. um Gebetsfedern oder Gebetsstäbchen, die bei den Hopi eine alte Tradition haben. Im Zusammenhang dieses Textes ist es auch wichtig zu wissen, dass Hopi – wie auch andere Indianer – ursprünglich keine Stühle und keine Tische kannten, sondern auf dem Boden saßen, wenn sie aßen. Als Polingaysi wieder einmal einen Urlaub zu Hause verbracht hatte, bewog sie ihren Vater dazu, einen rohen Tisch und eine rohe Bank selbst zu zimmern. Denn für sie war ein Leben ohne diese einfachsten Einrichtungsgegenstände unmöglich geworden.

Die folgende Auseinandersetzung zwischen der Tochter und den Eltern findet sich in dem genannten Buch auf den Seiten 84 bis 89. Polingaysi ist als junge Frau wieder einmal zu Besuch bei ihren Eltern auf der Reservation:

»Als sie eines Tages nun so durch die Landschaft ging..., sah sie ein ›paho‹, eine Gebetsfeder, die auf einem kleinen Hügel in den Sand gesteckt war. Eine einzelne Adlerfeder flatterte am Ende eines kurzen Bandes aus weißer Baumwolle.
Gebetsstäbchen – entweder die längeren, stabähnlichen, mit vielen Federn daran oder die kurzen, angespitzten Stäbe, die man ›pahos‹ nennt – werden von den Hopi verehrt. Man meint, dass diese Stäbchen vier Tage lang, nach-dem sie ›eingepflanzt‹ wurden, die Kraft des gemeinten Gebets bewahren und dass sie in dieser Zeit sehr machtvoll und heilig sind. Eines von ihnen zu belästigen, bevor es seine Macht verloren hat, bedeutet, Unheil heraufzubeschwören. Polingaysi hatte gelernt, dass ein Unfall oder sogar der Tod die Folge sein könnte...

Als sich Polingaysi niederbeugte, um das ›paho‹ aus dem Sand zu ziehen, fühlte sie, wie eine Welle abergläubischer Furcht in ihr aufbrach. Aber sie war doch jetzt eine Christin, ermahnte sie sich selbst, und brauchte die magische Kraft nicht zu fürchten, die in einem Stäbchen mit einer Feder darauf steckte. Trotzig nahm sie es hoch, trug es nach Hause und stellte ihrem Vater dazu herausfordernde Fragen:

›Was bedeutet dieses Stäbchen dir und den Hopi-Menschen?‹ fragte sie mit mehr Überheblichkeit, als ihr bewusst war. Und sie fuhr fort: ›Mir bedeutet es nichts. Es hat keine Kraft. Es ist einfach nur ein Stock mit einem Stückchen Maisschale und einer Feder daran. Warum hast du in unserer fortgeschrittenen Zeit noch den Glauben an Stäbchen und Federn, wenn du doch die Botschaft der Bibel haben kannst?‹

Ihr Vater, ein echter Hopi, wich vor der hingestreckten Gebetsfeder zurück und weigerte sich, sie zu berühren. Seine Augen schauten gequält. ›Musst du das wissen?‹ fragte er.

›Natürlich muss ich das wissen,‹ erklärte Polingaysi. – ›Warum sollte ich es nicht wissen?‹

›Leg' es auf den Tisch,‹ sagte ihr Vater, ›und ich will es dir erklären.‹

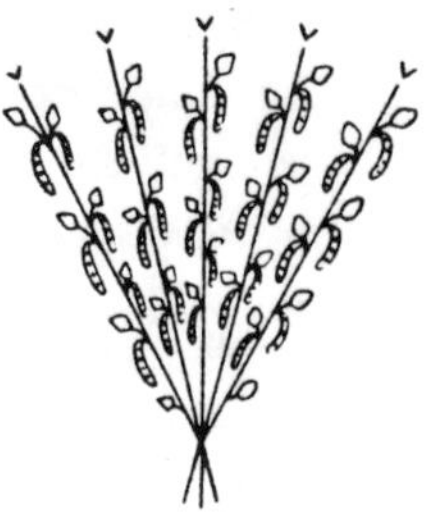

Sie legte das Stäbchen auf den rohen Brettertisch, den der kleine Mann – ihr Vater – wegen ihrer ständigen Stichelei selbst gemacht hatte. Beide beugten sich darüber.

› Siehst du die blaugrüne ausgebrochene Stelle hier an der Spitze?‹ fragte ihr Vater und zeigte mit dem Finger darauf. › Das ist das › Gesicht‹ des Gebetsstäbchens. Es repräsentiert moosbewachsene Stellen, also Feuchtigkeit. Dies hier unten nun ist der › Körper‹ des Gebetsstäbchens. Er hat eine rote Farbe, wie du sehen kannst – genauso wie unser farbiger Sand in dieser Landschaft. So repräsentiert er die Erde. Dieses Gebetsstäbchen ist also ein Gebet um Feuchtigkeit für die Erde.‹

› Ein Gebet um Regen?‹

› Ja, das und mehr. Das Stöckchen trägt auf seinem Rücken ein Bündel.‹

› Das Stückchen Maisschale, mit einem Band angebunden? Wofür ist das? Was bedeutet es?‹

› Ich weiß nicht, was in diese Maishülse eingebunden ist‹ , sagte ihr Vater, › und ich werde sie auch nicht öffnen, um das herauszufinden. Ich glaube aber, du würdest darin einige Grassamen, eine Prise Maismehl, eine Prise Blütenstaub und einen Tropfen Honig finden.‹

›Aber warum – warum?‹ forderte Polingaysi ungeduldig. ›Was soll das bewirken?‹

Der kleine Hopi-Mann war gerade dabei gewesen, eine Kachina-Figur aus der getrockneten Wurzel einer Pappel zu schnitzen. Er wandte sich ab, ging zurück zu seiner Arbeit, setzte sich mit übergeschlagenen Beinen auf den Fußboden und nahm sein Messer und die unfertige Figur wieder in die Hände. Polingaysi stand da, schaute auf ihn herunter und wartete auf seine Antwort. Er dachte nach, bevor er zu sprechen begann:

›Was das bewirkt, hängt von vielen Dingen ab, meine Tochter. Es hängt vor allem vom Glauben desjenigen ab, der das Gebetsstäbchen gemacht hat. Wenn alle die Dinge in dem kleinen Bündel... sind, die ich genannt habe, dann bedeutet es, dass derjenige, der das ›paho‹ gemacht hat, es in die Erde gepflanzt hat als ein Gebet für reiche Ernten; mit genug Feuchtigkeit, um der Erde zu helfen, vollausgebildete Mais-Ähren hervorzubringen, dicke Bohnen und süße Melonen.‹

Er schaute zu ihr hoch, und sein kleines Gesicht war gequält. ›Und die Bedeutung der Feder hast du doch sicher noch nicht vergessen? Federn repräsentieren die geistigen Wesenheiten in allen Dingen. Diese hier repräsentiert die geistige Kraft, die in dem Gebet steckt, das dieses Gebetsstäbchen anbietet.‹

Polingaysi wandte sich ab und nahm das ›paho‹ in ihre Hände. Als sie gerade dabei war, die Maishülse aufzureißen, schaute sie wieder hinunter auf ihren Vater, und sie sah, wie seine Hände unbewegt innehielten – und wie Entsetzen auf seinem Gesicht stand. Da war sie plötzlich nicht mehr in der Lage, ohne seine Erlaubnis den Schatz des Gebetsstäbchens zu öffnen. So sehr alle Traditionen missachten – das brachte sie nicht fertig; denn sie wusste, dass es seine Seele verletzen würde. Dabei blieb er allerdings ganz ruhig und machte ihr keinen offenen Vorwurf.

›Darf ich es öffnen?‹

Ihr Vater neigte seinen Kopf und überlegte wohl, ob solches Tun richtig sei oder ob es ihm und seiner Tochter Unglück bringen könne. Nach kurzem Zögern seufzte er und sagte: ›Es sieht schon verwittert aus. Ich glaube, es ist mehr als vier Tage alt. Wenn es so ist, dann hat es seinen Zweck erfüllt und seine Kraft ist dahin. Nimm deine linke Hand.‹

Trotz ihrer vorgeschützten Verachtung öffnete Polingaysi die umwickelte Mais-Hülse ganz vorsichtig. Sie war zu einem winzigen Dreieck gefaltet worden, als sie noch grün war. In diesem kleinen Beutelchen war etwas von der Größe einer Erbse: Samen, Maismehl, Blütenstaub; und all dieses mit Honig zusammengehalten, wie ihr Vater vermutet hatte.

›Kannst du nicht sehen, dass hier nichts Wertvolles drin ist?‹ rief Polingaysi aus.

›Nicht für dich,‹ stimmte ihr Vater zu, ›und nicht für mich. Aber wohl für denjenigen, der es im Gebet hergestellt hat.‹

Sie wollte ihn weiter befragen, aber er nahm seine Arbeit und ging nach draußen. Auf seinem Gesicht lag ein dunkler und rätselhafter Ausdruck.

›Um Himmelswillen, Mutter‹, brach es aus Polingaysi heraus, indem sie sich an Sevenka wandte, die während dieser ganzen Diskussion still an einem Korb gearbeitet hatte:

›Hat alles im Leben eines Hopi eine verborgene Bedeutung? Warum sollte ich zum Beispiel meine linke Hand benutzen, als ich das Ding da öffnete?‹

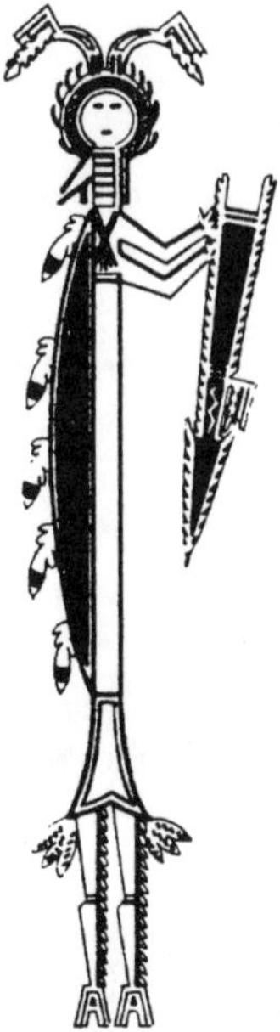

›Das mag dir dumm vorkommen, weil du jung bist und noch nicht alles verstehst,‹ sagte ihre Mutter geduldig. ›Vielleicht bist du dumm, weil du Hopi-Dinge nicht verstehst, obwohl du eine Hopi bist. Mit der linken Hand – das will ich dir erklären. Die linke Hand kommt von der Seite des Körpers, wo das Herz ist. Es ist die Hand, die sich langsamer bewegt. Sie überlegt und wählt aus, anstatt nur zuzugreifen, wie es die rechte Hand tut. Sie ist auch reiner. Sie berührt den Mund nicht, während man isst – und mit ihr reinigt man sich auch nicht, wenn der Körper seine Notdurft verrichtet hat. Erinnerst du dich, wie du unseren Medizinmann – den ›Mann mit Augen‹ – bei der Arbeit beobachtet hast? Bei seinen Heilungsriten und auch bei seinen religiösen Zeremonien benutzt er seine linke Hand – aus eben den Gründen,

die ich dir genannt habe. Die linke Hand ist also die Hand, die vom Herzen und vom Geist kommt, nicht von der Natur und von der Erde.‹
Polingaysi sträubte sich gegen die Schönheit der Worte, die ihre Mutter gesprochen hatte. Sie suchte nach einer Antwort, die all das verspotten sollte – aber sie fand keine. Nach kurzer Zeit fuhr die alte Frau fort:
›Noch etwas will ich dir sagen über die ›pahos‹. Sie müssen frei von allen Dingen des weißen Mannes gehalten werden, wenn sie so, wie in alten Zeiten, ihre volle Kraft behalten sollen. Das ist der Grund, warum Hopi sie nicht mit einer Stahlklinge anspitzen, weil diese vom weißen Mann kommt. Vielmehr schleifen sie sie auf einem Sandstein, bis sie spitz sind.‹
In diesem Augenblick sah Polingaysi einen der Brüder ihrer Mutter am Fenster vorbeigehen. Er hatte keine Ahnung von der ganzen Diskussion, und sie wollte diese nun auch nicht wiederaufnehmen. Mit ihrer linken Hand setzte sie das Gebetsstäbchen auf das Fensterbrett.
›Polingaysi!‹ rief der alte Mann, und dabei verzog sich sein faltiges Gesicht zu einem breiten Lächeln, das sie willkommenhieß: ›Es ist eine große Freude für mein Herz, dich nach so

langer Zeit wiederzusehen. Wir sind immer glücklich, wenn ein Kind nach Hause kommt – sogar dann, wenn es uns dazu bringt, beim Essen an einer hölzernen Platte zu sitzen.‹

Polingaysi verlor etwas von ihrer Streitsucht und lachte. Er hatte sich immer darüber beschwert, an einem Tisch sitzen zu sollen. Dabei betonte er stets, dass er seine Füße nur dann warmhalten könne, wenn er in der Hopi-Art auf ihnen sitze. (Polingaysis kleine Großmutter gar war durch den ersten Tisch in ihrem Haus gänzlich durcheinandergeraten. Obwohl Polingaysi ihr den Gebrauch des Möbelstücks geduldig erklärt hatte, war die alte Dame dann mühsam daraufgeklettert und hatte sich auf ihm niedergelassen – anstatt auf der hölzernen Bank Platz zu nehmen, die als Sitzgelegenheit dienen sollte.)

Polingaysi sah ihren Onkel an und dachte an all die neuen Ideen, die sie während ihres Lebens unter den Weißen erfahren hatte. Der alte Mann hatte kein Verlangen, an ihrem Wissen teilzuhaben. Für ihn war die alte Lebensform

die beste. Er erwartete nicht viel vom Leben: genug Nahrung, um seinen mageren und müden alten Körper am Leben zu erhalten; ein kleines Feuer im Ofen; einen Schluck Wasser, wenn er durstig war.
Sie, Polingaysi, war es, die immerzu ihren Becher hinaushielt, damit er sich immer wieder mit neuer Kunde und neuer Kenntnis fülle.«

DIE ÄLTESTEN SAGEN

Die Ältesten sagen: Es gibt eine Zeit, um geboren zu werden; eine Zeit, um zu lernen; eine Zeit, um geliebt zu werden.

Und dann, sagen die Ältesten: Es gibt eine Zeit, um sich zu verheiraten; eine Zeit, um Kinder zu haben; eine Zeit, um die Kinder zu erziehen und sich an ihnen zu erfreuen.
Und dann, sagen die Ältesten: Es gibt eine Zeit, um ein erfülltes Leben zu leben; eine Zeit, um alt zu sein; eine Zeit, um umsorgt zu werden; eine Zeit, um sich an den Enkelkindern zu erfreuen – nämlich dann, wenn man seinen Teil zum Leben beigetragen hat.
Und dann, sagen die Ältesten, gibt es eine Zeit, um zu sterben.
Und dies sind die vier Lebenspfade. Jeder von uns wird sie gehen. Dies sind die Pläne für das Leben hier auf dieser Erde. Und diese Dinge sind heilig.

(Alvin Dashee, Hopi, ca. 1970)

ABSCHIED VON DEN HOPI

Heute ist der 25. August. Es ist frühmorgens und noch ganz still in dem Dorf Kykotsmovi, in dem ich einige Wochen gewohnt habe. Für dieses Jahr verlasse ich nun die Hopi-Reservation: vorbei an den aufragenden Tafelbergen; vorbei an häusergroßen Steinblöcken am Fuße der Mesas; vorbei an Hopi-Dörfern, die in der frühen Sonne des späten August wie ausgestorben wirken. Doch hoch auf den Tafelbergen unter einem makellos gewölbten Himmel scheinen sie eine Einheit zu bilden mit dem kosmischen Gefüge, unter dessen Gesetz sie sich so ausdrücklich wissen.

Vor meinen inneren Augen sehe ich noch einmal die farbenprächtigen Szenen des Dorftanzes vom gestrigen Tag. In meinem Kopf höre ich die Rasseln, die Glocken und die dumpfe Trommel des ersten frühherbstlichen »Social

Dance«. Und in meinem Blute formen sich die Worte eines Hopi-Gebetes, das der Einheit von Mensch, Welt und Gott Gestalt verleiht:

Ich bin ein Stein
Leben sah ich und Tod
Fühlte Glück und Gram und Kummer
Ich lebe das Leben des Felsen

Ich bin ein Teil der Erdmutter
Ich fühlte ihr Herz schlagen an meinem
Ich fühlte ihren Schmerz
Ich fühlte ihr Glück
Ich lebe das Leben des Felsen

Ich bin ein Teil unseres Vaters
des Großen Geheimnisses
Ich habe seine Trauer gespürt
Ich habe seine Weisheit gespürt
Ich habe seine Geschöpfe gesehen
die Geschwister mir sind
die Tiere
die Vögel
die flüsternden Wasser und Winde
die Bäume und alles auf Erden
und jegliches Ding im All

5

CHIEF SEATTLE: EINE DETEKTIVGESCHICHTE

BEGEGNUNG MIT EINEM INDIANISCHEN HÄUPTLING

Eine der einflussreichsten Begegnungen mit einem Indianer war mein Zusammentreffen mit dem Häuptling Seattle. Er war zwar schon über 100 Jahre tot, als ich seinen Namen zum ersten Mal vernahm und Texte zu lesen bekam, die er gesagt oder geschrieben haben sollte. Doch erwuchs aus dieser Begegnung eine so intensive und langandauernde Beschäftigung, dass ich Seattle inzwischen zu meinen besonderen Freunden rechnen möchte.
Es war eine Art geheimnisvoller Gemeinschaft, die mich mit Seattle verbinden sollte. Ich musste detektivisches Gespür entwickeln; musste wiederholt Frustration und Erfolglosigkeit regi-

strieren; fand aber immer wieder neue Spuren und ließ mich auf seine Fährten locken.
Diese Fährte begann bei einer Autofahrt in Süddeutschland. Wir hatten einen jungen Studenten als Anhalter mitgenommen und kamen mit ihm in ein Gespräch über Ökologie. Schon bald fiel aus seinem Mund der Name Seattle, dessen Rede er ein Modell ökologischen Denkens nannte. Unvermittelt tauchte bei mir die Frage auf, wie es denn wohl mit der Echtheit dieser Rede eines lange verstorbenen und der Schrift unkundigen Indianerhäuptlings bestellt sei. Darüber konnte der Student keine Auskunft geben. Die Frage hatte er sich nicht gestellt. Er zweifelte nicht an der Authentizität des Textes.
Ähnliche Situationen ergaben sich in den folgenden Monaten und Jahren. Verschiedene Abschnitte oder neue Versionen der Rede Seattles begegneten mir auf Schritt und Tritt: im Klassenzimmer, in Kirchen, an Radio und Fernsehen. Sogar ein Musical mit dem Titel »Seattle« tauchte auf und ein englischer Monsignore nannte den Text der Rede gar »ein fünftes Evangelium – beinahe«. Doch die Quelle all dieser Redefragmente blieb im Dunkeln, war unfassbar. Einmal hieß es, Seattle habe die

Rede vor dem amerikanischen Präsidenten Pierce gehalten; dann wieder war es der Vertreter des Präsidenten im Gebiet des heutigen Staates Washington, der zuerst diesen berühmten Text vernommen haben sollte. In manchen Broschüren wurde nicht von einer Rede Seattles gesprochen, sondern von einem Brief. Einige Widersprüche im Text machten alles noch mysteriöser – ein Grund mehr für mich, diesem alten Häuptling Zeit und Energie zu widmen, um diesen Fragen auf den Grund zu gehen.
Ich schrieb Briefe an alle Personen und Institutionen in den USA, von denen ich mir eine Auskunft über den Häuptling und seine Rede versprach. Ich befragte in den USA selbst zahlreiche Indianer nach ihrer Meinung über den Text der Rede; und ich versuchte herauszufinden, was die zehnte Klasse einer Reservationsschule (Pueblo-Indianer) von ihrem berühmten Vorfahren und seiner Rede wussten. Die Bibliotheken der Universitäten in der Nähe indianischer Reservationen im Südwesten der USA (Tucson, Alberquerque, Flagstaff, Denver) wurden zu wichtigen Zielen für Studienaufenthalte.

Ich hatte Glück. Auf verschiedensten Pfaden gelangte ich zum Ziel. Chief Seattle gab sein Geheimnis preis. – Das Ergebnis können Sie im folgenden Kapitel nachlesen.
Mir bleibt nur noch nachzutragen, dass die enge Beziehung zu Seattle bis zum heutigen Tage andauert.

DIE VERWANDLUNG EINES ALTEN INDIANERHÄUPTLINGS IN EINEN MODERNEN UMWELTSCHÜTZER

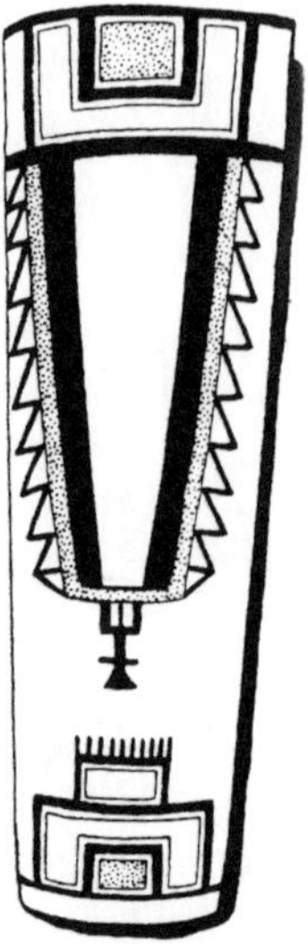

»Jeder Teil dieser Erde ist meinem Volke heilig. Jede glänzende Kiefernnadel, jeder lichte Nebel in dunklen Wäldern, jede Lichtung und jedes summende Insekt ist heilig in der Erinnerung und der Erfahrung meines Volkes... Wir sind ein Teil der Erde und sie ist ein Teil von uns. Die duftenden Blumen sind unsere Schwestern; der Hirsch, das Pferd, der große Adler: sie alle sind unsere Brüder. Die felsigen Gipfel, die saftigen Wiesen, die Körperwärme des Ponys und der Mensch – sie alle gehören zur gleichen Familie... Die Luft ist für den Roten Mann kostbar, denn alle Dinge teilen den gleichen Atem – das wilde Tier, der Baum, der Mensch, sie alle teilen den gleichen Atem... Was ist der Mensch ohne die Tiere? Wenn es keine Tiere mehr gäbe, würden die Menschen an großer Einsamkeit des Herzens sterben. Denn alles, was den Tieren geschieht, geschieht auch bald den Menschen. Alle Dinge sind miteinander verbunden. Was immer der Erde widerfährt, widerfährt auch den Kindern der Erde... Dieses wissen wir: Die Erde gehört nicht den Menschen; der Mensch gehört der Erde. Dieses wissen wir: Alle Dinge sind miteinander verbunden wie das Blut, das eine Familie vereint... Der Mensch hat nicht das Gewebe des Lebens geschaffen, er ist in ihm lediglich eine Faser. Was immer er diesem Gewebe antut, tut er sich selbst an.«

Dieses sind Auszüge aus einem Text, der höchstes Ansehen als Dokument umweltbewussten Denkens und Empfindens genießt. Es handelt sich um die ›Rede des Häuptlings Seattle an den Präsidenten der Verei- nigten Staaten, Pierce‹ – manchmal auch bescheidener einherkommend als »Brief des Häuptlings Seattle an den Präsidenten der Vereinigten Staaten«. Bei Naturschützern, in ökologisch interessierten Kreisen, in Jugendgruppen und im Unterricht vieler Schulen wurde dieser Text gelesen, mit heißem Herzen diskutiert und als vorbildlicher Ausdruck einer anderen, einer besseren, einer die Umwelt achtenden naturverbundenen Haltung gepriesen. Dass als Autor der Rede/des Briefes ein indianischer Häuptling genannt wird, kann die Reputation des Textes nur erhöhen, haben doch Indianer ohnehin den Ruf,

Pflanzen und Tiere als ihre Geschwister zu betrachten und die Erde als ihre Mutter zu verehren.

Tatsächlich werden diejenigen, die diese Sätze hören oder lesen, sich ihrer Kraft, ihrem Einfluss und ihrer überraschenden Sichtweise kaum entziehen können.

Seit längerer Zeit sind jedoch Zweifel geäußert worden, ob dieser Text tatsächlich vor mehr als hundert Jahren von einem Indianerhäuptling gesprochen oder geschrieben wurde. Ursache dieser Zweifel ist unter anderem die Erkenntnis, dass sich Widersprüche in der Rede finden. So heißt es an einer Stelle des Textes:

»Ich habe tausend verfaulende Büffel auf der Prärie gesehen, liegengelassen von den Weißen, die sie von vorbeifahrenden Zügen erschossen hatten.«

Nun hat aber Häuptling Seattle die Prärie nie gesehen, denn er wuchs an der Pazifikküste auf und hat die dortigen Gebiete in seinem Leben nicht verlassen. Außerdem gab es im Jahre 1854, als Seattle diese Rede gehalten haben soll, noch keine Eisenbahnlinie durch die Prärie. Die berühmte transkontinentale Eisenbahn Amerikas wurde erst 10 bis 15 Jahre später gebaut, und zu

dieser späteren Zeit erfolgte auch erst das mörderische Abschlachten der Büffel.

Diese und andere Unrichtigkeiten im Text haben Zweifel an der Echtheit der Rede/des Briefes genährt und sind Anlass zu ausgedehnten Nachforschungen über die Authentizität des Textes gewesen. Die wichtigsten Ergebnisse meiner Untersuchung sollen hier im Einzelnen vorgestellt werden.

Seattle lebte von etwa 1786 bis zum Jahre 1866 und war Häuptling der Suquamish- und Duwamish-Indianer im Gebiet des heutigen Staates Washington, also in der Nordwestecke der heutigen USA. Wegen seines hohen Ansehens auch bei weißen Siedlern der dortigen Gegend wurde die größte Stadt dieses Staates nach ihm benannt und in der Stadt ein Denkmal für ihn errichtet. Bei der Unterzeichnung des Friedensvertrages von Point Elliott im Jahre 1855, durch den die Weißen den Indianern einen Teil ihres

Landes abkauften, war Seattle anwesend. Er unterzeichnete den Vertrag als erster Indianer und hielt zwei kurze Reden, die im Nationalarchiv der USA in der Stadt Washington erhalten sind. Diese beiden Reden zeigen aber keinerlei Ähnlichkeit mit dem hierzulande berühmten Redetext und können deshalb auch nicht die Quelle dieser Rede sein.
Außerdem gibt es noch einen – aber eben nur noch einen einzigen – Quellentext einer Rede Seattles:
Am 29. Oktober 1887 (nicht 1877, wie man manchmal lesen kann) erscheint in der Zeitung »Seattle Sunday Star« ein Artikel unter der Überschrift »Early Reminiscences« und »Scraps from a Diary«. Der Artikel ist unterzeichnet mit dem Namen Henry A. Smith und enthält einen Bericht über einen großen Empfang, den Indianer im Gebiet der heutigen Stadt Seattle mehrere Jahrzehnte vorher für den Gouverneur der Region und Abgesandten des Präsidenten der Vereinigten Staaten dort veranstaltet hatten. (Es handelt sich bei dieser Versammlung also nicht um die Friedensverhandlungen von Point Elliott im Jahre 1855, sondern um einen spontanen Empfang der In-

dianer für den Gouverneur Stevens »near the water-front on Main Street« – höchstwahrscheinlich im Dezember 1854.) Der Zeitungsartikel von 1887 bezieht sich demnach auf ein Ereignis, das im Jahre der Veröffentlichung des Artikels schon 33 Jahre zurücklag.
Das heute noch existierende einzige Exemplar dieser Ausgabe des »Seattle Sunday Star« vom 29. Oktober 1887 befindet sich in der Universitätsbibliothek der Stadt Seattle. Der Autor dieses Zeitungsberichtes, der schon genannte Henry A. Smith, war bei dem Empfang der Indianer für den weißen Gouverneur zugegen und gibt in diesem Artikel zunächst einen kurzen Bericht über dieses Ereignis. Dabei zeigt er sich vor allem beeindruckt von der Gestalt und der Persönlichkeit des Häuptlings Seattle, und er bietet eine eindrucksvolle Beschreibung seiner körperlichen Erscheinung und seines vornehmen Aussehens:
»Nachdem der weiße Gouverneur eine kurze Ansprache gehalten hat und dabei seine Mission, nämlich den Indianern Land abzukaufen,

kurz erläutert hat, erhebt sich die hünenhafte Gestalt des Häuptlings Seattle, legt die eine Hand auf den Kopf des (klein geratenen) weißen Gouverneurs, weist mit der anderen Hand zum Himmel und beginnt wie ein alttestamentlicher Prophet seine denkwürdige Rede.«

Der Text dieser Rede Seattles in der Fassung des Henry A. Smith zeigt nun tatsächlich eine Anzahl von ähnlichen oder gar identischen Passagen mit dem zu Anfang dieser Untersuchung erwähnten und hierzulande so berühmten Text. Dies macht deutlich, dass beide Redetexte offensichtlich in einer einzigen Rede Seattles ihren Ursprung haben. Damit stellt sich aber die Frage, ob diese spätere Bearbeitung und Übertragung das einzig existierende »Original« von 1887 in seinem Kern und seiner Aussage unberührt gelassen haben – oder ob diejenigen, die den Text bearbeitet haben, ihn in wesentlichen Punkten abgeändert und vielleicht gar zum Sprachrohr ihrer eigenen Ansichten gemacht haben.

Um das festzustellen, müssen wir einige Texte aus der Version von 1887 und aus der bei uns heute gängigen Version der Rede einander gegenüberstellen:

ÄLTERE VERSION NACH HENRY A. SMITH VON 1887

Der Gott des weißen Mannes kann seine Roten Kinder nicht lieben, sonst würde er sie beschützen. Sie scheinen Waisen zu sein, die nirgends Hilfe finden. Wie können wir da Brüder werden? Wie kann euer Vater unser Vater werden...? Euer Gott scheint parteiisch zu sein. Er kam zum Weißen Mann. Wir sahen ihn nie, hörten noch nicht einmal seine Stimme. Er gab dem Weißen Mann Gesetze, aber er hatte keine Worte für seine Roten Kinder,... nein, wir sind zwei verschiedene Rassen und müssen es immer bleiben. Es gibt wenig Gemeinsames zwischen uns.

NEUERE, ÖKOLOGISCHE VERSION DER REDE

Vielleicht sind wir letztlich doch Brüder und Schwestern; wir werden sehen. Eines wissen wir, das die Weißen vielleicht eines Tages auch entdecken werden – unser Gott ist der gleiche Gott.

Ihr denkt jetzt vielleicht, dass ihr IHN besitzt, wie ihr unser Land zu besitzen wünscht. Aber das könnt ihr nicht. Er ist der Gott der ganzen Menschheit und sein Erbarmen für die Roten und die Weißen ist gleich.

Die Unterschiede im Gottesbild sind eindeutig und unübersehbar. Ähnliche Unterschiede zwischen beiden Versionen lassen sich auch in anderer Beziehung finden. Vor allem sind die eindrucksvollen Bilder eines sich mit der Natur im Einklang befindlichen menschlichen Lebens und die Darstellung der Verbundenheit von Mensch, Tier und Natur – also gerade diejenigen Abschnitte der neueren Version, die uns heute so ansprechen und für ihre große Verbreitung verantwortlich sind – von den späteren ›Bearbeitern‹ hinzugefügt oder ausgeweitet worden. Das gilt auch für folgende eindrucksvolle Passage aus der Urfassung von 1854/87:

»Jeder Teil dieses Landes ist meinem Volke heilig. Jeder Hang, jedes Tal, jede Ebene und jedes Gehölz ist geheiligt durch eine zärtliche Erinnerung oder eine traurige Erfahrung meines

Stammes. Sogar die scheinbar stumm in der Sonne brütenden Felsen der Küste in ihrer feierlichen Größe sind getränkt von Erinnerungen an vergangene Ereignisse, die mit dem Schicksal meines Volkes verbunden waren. Und selbst der Staub unter unseren Füßen antwortet liebevoller auf unsere Schritte als auf eure; denn er ist die Asche unserer Vorfahren, und unsere nackten Füße sind sich der wohlwollenden Berührung bewusst, da der Boden reich ist durch unserer Familien.«

Es sind diese Anklänge an eine besondere und geheiligte Beziehung des Menschen zum Land, die von den ›Bearbeitern‹ des Textes zum Zentrum der Aussage gemacht und mit einer Fülle von Naturbildern ausgestaltet worden sind. Demgegenüber ist die im ursprünglichen Text vorherrschende Klage Seattles über den Untergang seines Volkes in der neueren Version ganz zurückgetreten. Aus einer bewegenden Klage über den eigenen Untergang ist eine bewegende Gestaltung von Bildern der Natur und der

umfassenden Verbundenheit des Menschen mit dieser Natur geworden.
Natürlich stellt sich die Frage, wer denn diese »Bearbeiter« sind, die aus einem alten Indianerhäuptling einen modernen Umweltschützer gemacht haben. Meine Befragungen, Untersuchungen und Studien haben folgendes ergeben: Der weiße Amerikaner Ted Perry erhielt im Winter 1970/71 – er war damals Professor an der Universität von Texas – von der Southern Baptist Convention den Auftrag, ein Filmscript für einen Film über das Thema »Umwelt« zu schreiben. Bei der Vorbereitung zu dieser Arbeit stieß Ted Perry zufällig auf die Rede Seattles. Beim Schreiben des Filmscripts ließ er sich zunächst von den Gedanken Seattles inspirieren, übernahm auch einige seiner Wendungen, entwickelte dann aber seine eigenen Vorstellungen von Mensch und Umwelt.
Die Southern Baptist Convention unterlegte diesen von Ted Perry verfassten Text mit einigen Ergänzungen dann ihrem Film »Home«. Überraschenderweise vergaß die Southern Baptist Convention jedoch, im Vorspann des Films den Namen Ted Perrys als den des Verfassers des Filmscripts zu nennen. Der Name

Seattles aber wurde genannt – und so wurde aus dem alten Indianerhäuptling ein moderner Umweltschützer.

Die hierzulande so berühmte ökologische Version der Rede Seattles hat also im Winter 1970/71 als Filmscript Ted Perrys für den Film »Home« das Licht der Welt erblickt. Dieser Film ist auch in Deutschland unter dem Titel »Söhne der Erde« bei Kreis- und Stadtbildstellen vorrätig und kann dort entliehen werden.
Heißt diese Erkenntnis, dass wir diesen Text als Fälschung beiseitelegen und aus unseren Gedanken streichen können? Dagegen steht die Frage: Bezieht ein Text seinen Wert in erster Linie aus dem Namen des Autors oder aus sich selbst? Wenn wir bisher empfunden haben, dass die Bildersprache dieser neueren Version von Seattles Rede eindrucksvoll und mächtig ist und eine Antwort auf bedrängende Probleme der Gegenwart zu geben versucht – gilt das dann plötzlich nicht mehr, da wir jetzt

erfahren, dass der Text in dieser Form nicht von einem indianischen Häuptling, sondern in wesentlichen Teilen von einem weißen Professor geschrieben wurde? Dieselbe Frage ergibt sich hinsichtlich der eindrucksvollen Beziehung des Menschen zur Natur, wie sie in diesem Text gezeichnet wird: Sie ist nicht durch Gegensatz, durch Herrschaft des Menschen und Unterwerfung der Natur gekennzeichnet; sondern durch Einheit, Miteinander und Teilhabe von Mensch und Natur. Sind solche Gedanken für uns Abendländer, die in einer hochtechnisierten und die Natur ausbeutenden Zivilisation leben, plötzlich nicht mehr wichtig und bedeutsam, weil sie nicht von einem Indianer stammen?
Verschmutzte Luft, sterbende Wälder, tote Seen und Flüsse zeigen uns, dass wir es uns – unter Gefahr für die Zukunft des Lebens auf dieser Erde – nicht leisten können, solche bewegenden und für uns vielleicht lebensrettenden Gedanken in den Wind zu schlagen (auch wenn wir nun wissen, dass sie nicht von einem indianischen Häuptling formuliert wurden):

»Wir sind ein Teil der Erde, und sie ist ein Teil von uns... Dieser Boden ist uns heilig... Wir wissen, dass die Weißen unsere Art nicht verstehen. Ein Teil des Landes ist für sie wie der andere, denn sie sind Fremde, die in der Nacht kommen und von dem Land nehmen, was sie benötigen... Sie stehlen ihren Kindern die Erde... Ihr Appetit wird die Erde verschlingen und eine Wüste zurücklassen... Was immer der Erde widerfährt, widerfährt auch den Kindern der Erde... Fahrt fort, euer Bett zu besudeln, und ihr werdet eines Nachts in eurem eigenen Abfall ersticken...«

6

KINDER-KINDER

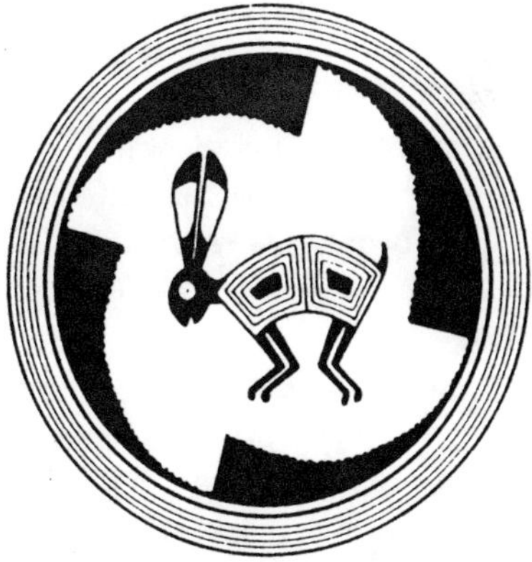

EINE BEGEGNUNG: DONICA

Meine Nachbarn bei einem Besuch auf der Hopi-Reservation vor einigen Jahren waren vier Hopi-Geschwister. Die drei älteren besuchten die Grundschule auf der Reservation; das Jüngste der Geschwister war erst ein Jahr alt und wurde von den anderen stets liebevoll betreut und ›bemuttert‹. Auch mir gegenüber waren die Kinder gar nicht verschlossen oder abweisend – wie man es bei erwachsenen Hopi oft erlebt – sondern munter, witzig, interessiert. Wenn die vier Geschwister zu mir herüber kamen, erzählten sie oft von der Schule; und ihre Berichte waren eher negativer gefärbt als wir es bei Grundschulkindern erwarten würden. Ich spielte ihnen deutsche Lieder auf der Mundharmonika vor, wofür sie sich mit kleinen Lektionen in der Hopi-Sprache bei mir revanchierten. Die Kinder waren zweisprachig, perfekt in Hopi und Englisch. Auf Drängen ihrer traditionell eingestellten Eltern sprachen sie miteinander in der Regel Hopi. Dies ist heute sehr ungewöhnlich auf der Reservation, wo Kinder und Jugendliche ihren Eltern selbst dann meistens auf Englisch antworten, wenn sie auf Hopi angesprochen werden. Das Verhalten dieser vier Geschwister wurde deshalb auch von anderen Hopi-Eltern ihren Kindern als vorbildlich empfohlen.

Gern wollte ich die Kinder auch fotografieren. Kurz vor meiner Abreise bat ich daher den Vater um die Erlaubnis dazu. Er zögerte und sagte, er werde es bis zum nächsten Tag mit seiner Frau besprechen und bedenken. Dieses Verhalten gegenüber dem ungeliebten Fotografieren durch Fremde ist bei den Hopi nicht ungewöhnlich.

Da ich bei dem Vater vorher auch eine geschnitzte Kachina in Auftrag gegeben hatte, erhielt ich am nächsten Tag die Genehmigung zum Fotografieren in seinem und im Namen seiner Frau.

Die Kinder benahmen sich beim ›Fototermin‹ völlig ungeniert und zwanglos. Zu Donica, der glücklichen Achtjährigen, hatte ich wohl das freundschaftlichste Verhältnis. Ich bevorzugte sie deshalb auch beim Fotografieren. Plötzlich fragte sie mich, warum ich so daran interessiert sei, Bilder von ihnen zu machen. Mit einer großen Geste ihres Armes wies sie auf ein Stück Regenbogen am Himmel und sagte: »Warum fotografieren Sie nicht den Regenbogen dort? Der ist doch viel interessanter als unsere Gesichter.«

Mit dieser Sensibilität und Aufmerksamkeit gegenüber der Natur erinnerte mich Donica an eine kleine Geschichte, die ich gehört hatte:
Ein Hopi-Kind war gefallen und hatte sich verletzt. Die Mutter tröstete es und kühlte die Wunde ein wenig. Aber sie heilte auch die Verletzung der Erde da, wo das Kind gefallen war, und strich mit ihrem Finger den Boden glatt.

SEGENSSPRUCH FÜR EIN NEUGEBORENES NAVAJO-KIND

Gesegnet sind wir heute
mit diesem schönen Kind
mögen seine Füße sein nach Osten
seine rechte Hand nach Süden
sein Kopf nach Westen
seine linke Hand nach Norden

möge es in Frieden wandeln
und wohnen auf der Mutter Erde
möge es gesegnet sein
mit vielen wertvollen Gütern
möge es gesegnet sein
mit kostbaren buntgescheckten Steinen
möge es gesegnet sein
mit fetten Schafen in Fülle
möge es gesegnet sein
mit geachteten Verwandten und Freunden

Alle diese Segnungen erbitte ich
in Ehrfurcht und Frömmigkeit

WENN EIN KIND GEBOREN WIRD...

... sagen die Tanten und die Großmütter zu
dem Baby:
»Mögest du ein glückliches Leben haben.
Mögest du unseren Lebensplan (»life plan«)
erfüllen
und frei von Krankheiten sein.
Mögest du ein hohes Alter erreichen
und dieses (körperliche) Leben in Frieden
(nämlich im Schlaf) verlassen.
»Und dein Name soll sein...«

(Hopi Mental Health Conference 1984)

WEIHEGEBET FÜR EIN KIND

Dieses nun ist der Tag
Unser Kind,
In das Tageslicht
Wirst du hineingehen.

In der Vorbereitung für deinen Tag
Haben wir unsere Tage verbracht.

Unser Kind, dieses ist dein Tag.
Möge dein Weg Erfüllung finden
Und bis zur Höhe der Sonne reichen.

Wenn dein Weg erfüllt ist,
Lass uns in deinen Gedanken leben
Mit diesem Ziel:
Mögest du uns allen helfen,
Unseren Weg zu Ende zu gehen.

(Zuni)

HAAR, FEDER UND GEBET

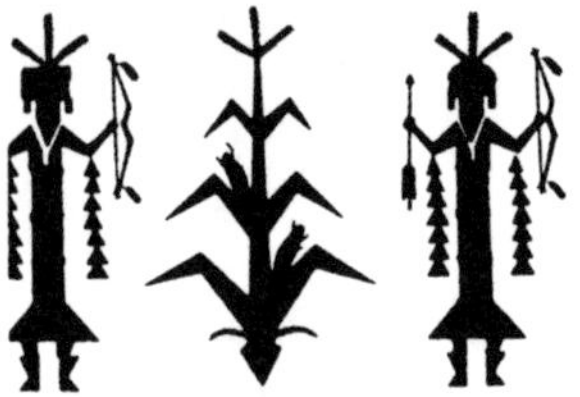

Nach dem ersten Haarschnitt eines Kindes befestigen wir eine flaumige Adlerfeder an seinem Kopf.
Nach vier Tagen nehmen wir die Feder fort, bringen sie auf die Spitze eines Berges und binden sie an den Wipfel eines immergrünen Baumes.
Es muss ein makelloser Baum sein, bei dem keine Zweige oder irgendetwas anderes fehlen. Wir säubern den Platz unter dem Baum und binden die Feder an seine höchste Spitze, denn wir glauben, dass diese Feder einen Boten zum höchsten Wesen darstellt.
Sie bringt die Botschaften aller Gebete, die für das Kind gesprochen worden sind – Gebete, dass es ein langes und fruchtbares Leben haben möge, wie die Bäume des Waldes; und dass es

die Weitsicht haben möge, die man von dem Aussichtspunkt dieser Baumspitze aus hat. Später legt das Kind ein Versprechen ab, dass es immer alle Dinge der Natur beschützen will: die Tiere, die Pflanzen, die Luft und alle Dinge der Natur mit denen es in Berührung kommen mag.
Von diesem Zeitpunkt an hat das Kind die Berechtigung, an allen sozialen und religiösen Tänzen teilzunehmen.

(Victor Sarracino; Pueblo)

ZUNI-GEBET

Wo auch immer meine Kinder
ihre Heimstatt gefunden haben –
von dort her mögen ihre Wege
in Sicherheit kommen.

Mögen die Bäume
und die Büsche
die mit Saft gefüllten Zweige ausstrecken
und ihre Herzen beschützen.

Mögen ihre Wege in Sicherheit sein.
Mögen ihre Wege sich erfüllen.

FELINA

Es hat uns immer besonders interessiert, indianische Kinder im Bild festzuhalten. In ihrer Neugier, Unbefangenheit und Aufgeschlossenheit schienen sie einen leichteren Zugang zu »Indianischen Ansichten« zu ermöglichen als Erwachsene. Dabei verbergen sich hinter manchen Bildern kleine Geschichten.
Da war etwa das Pueblo-Mädchen Felina. Zusammen mit zwei weißen Jungen tollte es durch die Straßen von Santa Fe. Die Unbefangenheit im Spiel und im Umgang der drei Kinder miteinander war grenzenlos, die Freude der Jungen an dem schönen rot-braunen Mädchen war ansteckend. Und ebenso unbefangen stellten sie sich der Kamera, als sie mein Interesse bemerkten. Felinas Ausgelassenheit war so groß, dass sie uns zurief: »I can do the cartwheel – I can do it with one hand« (»ich kann radschlagen – sogar mit einer Hand«). Sofort machte sie uns ihre Kunststücke vor. Als sie dann aber

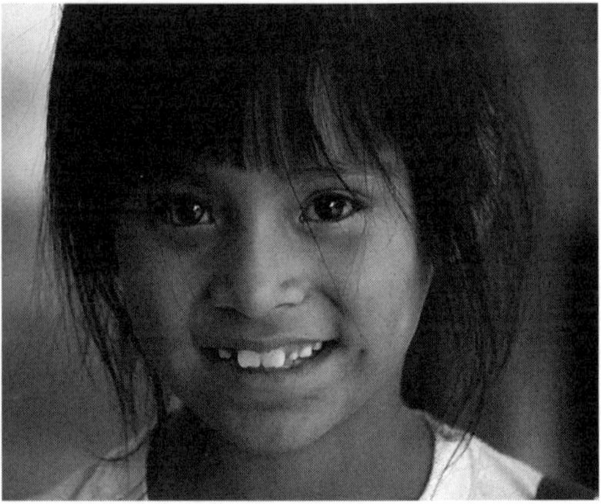

feststellte, dass mein fotografisches Interesse vor allem ihr persönlich galt, huschte ein leichter Ausdruck von Befangenheit über ihr frohes, freundliches und offenes Gesicht.

MORGENGEBET

Dort in der Ferne erhebt sich die Sonne,
steigt die Leiter hinauf,
kommt hervor aus ihrer Stätte.

Mögen alle den Weg des Lebens vollenden.
Mögen die Kinder
vom heiligen Hauch des Lebens atmen.
Mögen alle meine Kinder Nahrung haben,
damit sie den Weg ihres Lebens
vollenden können.

(Sia-Pueblo)

ALS ICH KLEIN WAR...

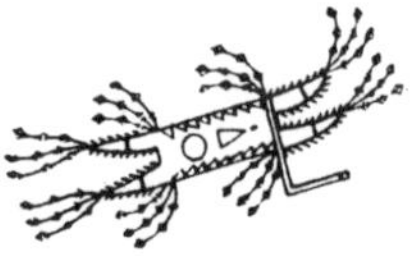

... konnte ich in einem Gedanken das Universum umkreisen
und sicher zurückkehren –
mit dem Wissen um Dinge
die nicht in Wort zu fassen sind

(Abbott Pongyeswa, Hopi)

WIE COYOTE ÜBERLISTET WURDE: COYOTE UND DIE BABYSCHILDKRÖTE

Nahe bei den Schneebergen gab es eine Quelle, und in der Nähe dieser Quelle lebte eine Schildkrötenmutter mit ihren Kindern. Sie

aßen und tranken an der Quelle und lebten glücklich und zufrieden.
Eines Tages aber begann die Quelle auszutrocknen. Es gab immer weniger zu essen und die Schildkrötenmutter begann, sich Sorgen zu machen. Sie rief ihre Kinder zusammen und sagte zu ihnen: »Diese Quelle wird bald nur noch ein trockener Grund sein. Wir müssen zum Blauen See umziehen, dort werden wir wieder viel Nahrung und Wasser finden. Wir müssen aber früh am Morgen aufbrechen, denn es ist ein weiter Weg.« Und so ging die ganze Schildkrötenfamilie am Abend früh schlafen.
Schon bevor die Sonne aufging, weckte die Schildkrötenmutter ihre Kleinen, und sie machten sich auf den Weg zum Blauen See. Als dann der Tag anbrach und es hell wurde, machten sie halt und Mutter Schildkröte schaute zurück auf ihre kleine Familie. »O je«, schrie sie, »mein Jüngstes fehlt! O jemine!... Aber wir können jetzt wirklich nicht mehr umkehren!« – Und so wanderten sie weiter. Doch sie waren alle sehr, sehr traurig.
In der Zwischenzeit wachte auch die jüngste Schildkröte an der Quelle auf. Zunächst bekam sie einen großen Schrecken. Sie rannte hierhin

und dorthin, konnte aber weder ihre Mutter noch ihre Geschwister finden. Sie waren alle fort. Und so war die kleine Schildkröte ganz allein. Da sie aber die Spur ihrer Mutter fand, machte sie sich auf den Weg, ihr zu folgen.
Sie wanderte, so schnell sie konnte, und als es Nachmittag wurde, hatte sie schon ein gutes Stück des Weges zum Blauen See hinter sich gebracht.
Ungefähr zu dieser Zeit jagte auch Coyote in der Nähe. Als er einen kleinen Hügel hinaufrannte, hörte er jemanden weinen. Er sprang einen weiteren Hügel hinauf und blickte sich um. Da sah er die kleine Schildkröte langsam dahinwandern und vor sich hin weinen.
»Warum weinst du?« fragte Coyote. »Ich weine nicht, ich singe«, sagte die Schildkröte. Daraufhin fragte Coyote weiter: »Was tust du hier? Der Tag ist zu heiß, um hier draußen herumzuwandern.« »Wir ziehen zum Blauen See«, antwortete die Schildkröte. »Ich habe verschlafen, und die anderen sind schon fort. Und: Ich weine nicht! Ich singe, während ich den Spuren meiner Mutter folge.«
»Ich glaube aber, dass du doch weinst«, sagte daraufhin Coyote. »Aber wenn du weiterhin

behauptest, zu singen, dann sing mir ein Lied.« »Nein, ich werde nicht singen«, antwortete die kleine Schildkröte. »Sing für mich!« schrie daraufhin Coyote. »Sing, oder ich rolle dich durch den heißen Sand.« »Tu's doch«, sagte die Schildkröte, »ich werde davon nicht sterben.«

»Wenn du nicht für mich singst, werde ich dich zertrampeln«, antwortete Coyote. Die Schildkröte: »Tu's doch, trample nur auf mir herum, wenn du willst. Ich werde auch davon nicht sterben.«

Coyote sah, dass er der kleinen Schildkröte keine Angst einjagen konnte. Er dachte einen Moment nach. Was konnte er machen? Schließlich sagte er: »Sing für mich, oder ich werfe dich in den Fluss.«

»O nein!« schrie die kleine Schildkröte. »Wirf mich bitte nicht in den Fluss, denn dann werde ich garantiert sterben.«

Daraufhin schnappte sich Coyote die kleine Schildkröte und rannte mit ihr zum Fluss. Er sprang hinein und ließ dabei die Schildkröte fallen. Sie schwamm hinüber zum anderen Ufer und kletterte aus dem Wasser. »Danke schön«, sagte sie, »ich fühle mich wohl im Wasser. Es ist wie zu Hause.«

Aber das war es nicht für Coyote. Ihm erging es sehr schlecht im Wasser. Der Fluss führte viel Wasser, das mit hoher Geschwindigkeit zu Tal schoss. So benötigte Coyote viel Zeit, wieder ans Ufer zu gelangen.

Die kleine Schildkröte aber ging ihren Weg weiter und fand auch bald ihre Familie in der Nähe. Alle waren sehr glücklich, einander wiederzusehen.

Nachdem die kleine Schildkröte den anderen ihre Abenteuer mit Coyote erzählt hatte, wanderten sie zum Blauen See. Dort leben sie noch heute.

(Hopi)

MEINE KINDER

möget ihr gesegnet sein mit Leben
möget ihr gesegnet sein mit Licht
mögen eure Wege sich erfüllen
möget ihr ein hohes Alter erreichen
mögen eure Wege bis dorthin reichen
wo die lebensspendende Bahn der Sonne
hervorkommt
mögen alle eure Wege Erfüllung finden

(Ritualspruch der Zuni)

DAS FUNDAMENTALE HOPI-KONZEPT

Hopi-Kinder werden gelehrt, niemals etwas zu zerstören oder auch nur etwas abzupflücken, was sie nicht benötigen – nicht einmal ein Unkraut; und alles zu benutzen, was sie pflükken.

Diese Haltungen und Werte, die das Leben fördern und bewahren, wiederholen das fundamentale Hopi-Konzept: dass nämlich menschliche Wesen aktiv dafür verantwortlich sind, das harmonische Gleichgewicht zwischen Natur und Mensch aufrechtzuerhalten; denn es ist für die Wohlfahrt des Ganzen unverzichtbar.

(Laura Thompson)

KINDER-KINDER

Das Prinzip des Respekts vor der Meinung des anderen gilt bei Indianern prinzipiell auch gegenüber dem Kind. Kinder werden praktisch niemals als »Nur-Kinder« behandelt, sondern meistens als Entscheidungs- und Gesprächspartner ernstgenommen. Ein Kind wird fast nie zu etwas gezwungen, was es nicht will. Es widerspricht verbreitetem indianischem Denken, Kinder zu schlagen oder zu züchtigen. Das heißt allerdings nicht, dass sie nicht durch Entzug von Aufmerksamkeit und Zuwendung gerügt werden können.
Indianische Kinder werden in aller Regel nicht verzärtelt. Nach indianischem Verständnis werden sie strenger erzogen als die Kinder der Weißen; aber sie werden in ihrer Individualität und ihrem Wollen immer ernst genommen. Sie werden eher wie Erwachsenen behandelt, als es

bei uns üblich ist. Eine Folge ist, dass indianische Kinder häufig erwachsener, reifer, selbständiger wirken, als es nach unseren Vorstellungen ihrem Alter entsprechen würde. Hinzu kommt, dass traditionellerweise Kinder in Großfamilien aufwuchsen. Nicht nur Vater und Mutter waren für das Kind da, sondern es war eingebunden in ein komplexes System von Beziehungen. Alleinsein, Einsamkeit, Beziehungslosigkeit, Verlassenheitsängste bezeichnen Situation, die es für indianische Kinder eigentlich nicht gab.

Das bringt der Sioux-Medizinmann Lame Deer sehr gut zum Ausdruck:

»Zu Hause sind indianische Kinder von Verwandten wie von einer warmen Decke umgeben.

Eltern, Großeltern, Onkel, Tanten, ältere Brüder sowie Cousinen und Vettern machen immer viel Aufhebens von ihnen, spielen mit ihnen oder hören zu, was sie zu sagen haben. Indianische Kinder nennen ihre Tante ›Mutter‹, und das nicht aus Höflichkeit, sondern weil sich die Tante wie eine Mutter verhält. Indianische Kinder sind niemals allein.

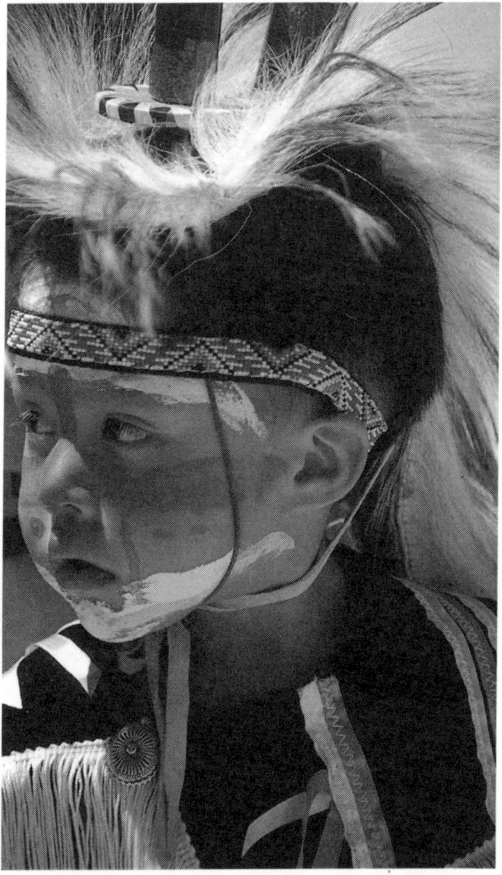

Wenn die Erwachsenen irgendwohin gehen, werden die Kleinen mitgenommen.
Kinder haben ihre Rechte genau wie die Erwachsenen.
Sie werden selten zu etwas gezwungen, das sie nicht mögen; selbst wenn es gut für sie ist.«

YAPONCHA – DER WINDGOTT

Vor vielen Jahren hatten die Hopi sehr großen Kummer mit dem Wind. Er blies und blies ohne Unterbrechung. Er trieb den Sand von ihren Feldern, und wenn sie ihr Getreide säen wollten, fegte der Wind die Erde fort, bevor die Samen überhaupt sprießen konnten. Überall herrschten Traurigkeit und Kummer. Von vielen Menschen wurden Gebetsopfer dargebracht. Aber es änderte sich nichts.

Viele Ratsversammlungen wurden von den alten Männern in den unterirdischen Kulträumen abgehalten. Sie saßen dort, rauchten ernsthaft ihre Pfeifen und fragten einander, warum ihre Götter ihnen wohl einen so starken Wind schickten. Nach einiger Zeit beschlossen sie, die »kleinen Gesellen« – die beiden kleinen Kriegsgötter Po-Okonghoya und seinen jüngeren Bruder Palongahoya – um Hilfe zu bitten. Sie riefen also diese »kleinen Gesellen« herbei. Als sie kamen, erkundigten sie sich, weshalb sie gerufen worden seien. Die Hopi berichteten ihnen, dass sie ihre Hilfe brauchten und dass mit dem Wind etwas geschehen müsse. Die »kleinen Gesellen« sagten, ja, sie würden sehen, was sich für das Volk tun ließe.

Sie forderten die Männer auf, in den Kivas zu bleiben und viele Gebetsfedern, pahos, herzustellen. Dann gingen sie zu ihrer weisen alten Großmutter Spinnenfrau, Spider Woman, und baten sie, süßen Maisbrei für sie zu kochen, damit sie ihn mit auf eine Reise nehmen könnten. Natürlich wussten sie, wer Yaponcha, der Windgott, war, und wo er lebte – dort drüben in der Nähe von Sunset Mountain, dem Berg

des Sonnenuntergangs, in den großen Schluchten im schwarzen Fels.
Als der Maisbrei fertig war, kamen sie zum Kiva zurück, fanden die Gebetsfedern bereit und auch den Ball, den sie überallhin mitnahmen, um mit ihm zu spielen. Auch die Pfeile und Bogen waren da, denn es war fast so, als ob sie auf einen Kriegspfad gingen. So waren die Pfeile auch aus Drosselfedern (den Federn einer dem Rotkehlchen verwandten Drosselart) gemacht, von denen man zu jener Zeit annahm, dass sie sehr wirksam seien.
Die beiden »kleinen Gesellen« machten sich auf den Weg in Richtung San-Francisco-Berge (San Francisco Peaks). Die alten Männer begleiteten sie bis zum Little Colorado River; dort setzten sie sich nieder und rauchten ihre Pfeife. Die kleinen Krieger aber gingen weiter und weiter – und spielten dabei mit ihrem Ball. Am vierten Tag erreichten sie das Haus des Windgottes Yaponcha. Der Windgott lebte am Fuß des Sunset-Crater, des Kraters des Sonnenuntergangs, in einer großen Schlucht im schwarzen Fels, durch die er – schon immer und bis auf den heutigen Tag – atmet. Sie warfen die Gebetsfedern in die Schlucht, suchten dann

schnell nach dem klebrigen Maisbrei ihrer Großmutter und versiegelten damit Yaponchas Tür. Der Windgott wurde sehr ärgerlich und blies und blies, aber er konnte nicht herauskommen.

Die »kleinen Gesellen« lachten und machten sich auf den Heimweg – höchst zufrieden mit sich selbst.

Aber nach und nach stellten die Dorfbewohner nun fest, dass es sehr heiß war. Es wurde von Tag zu Tag wärmer und wärmer. Unten in den Kivas war die Hitze so schlimm, dass die Männer herauskamen. Und die Menschen kamen aus ihren Häusern, standen auf den Dächern und schauten und schauten zu den San-Francisco-Bergen, ob nicht endlich Wolken kämen. Aber da war nicht das kleinste bisschen einer Wolke zu sehen, die Schatten hätte spenden können, und nicht der kleinste Lufthauch war zu spüren, so dass die Menschen dachten, sie würden ersticken.

Sie meinten, sie sollten sofort etwas dagegen tun. So machten die Männer noch mehr Gebetsfedern, riefen die »kleinen Gesellen« wieder herbei und baten sie, sofort noch einmal nach Yaponchaki, dem Haus des Yaponcha, zu gehen und um Frieden zu bitten. Sie sollten Yaponcha Gebetsfedern überreichen und ihn herauslassen, denn diese Hitze sei noch viel schlimmer als der Wind.

Die »kleinen Gesellen« versicherten, dass sie losgehen und sehen würden, was sich machen ließe.

Am vierten Tag erreichten sie das Haus des Yaponcha und beratschlagten miteinander, was zu tun sei. Sie hielten es für das Beste, dem Yaponcha nur ein kleines Loch zu öffnen, gerade groß genug zum Atmen, aber zu klein, um ganz herauszuschlüpfen. Also brachen sie etwas von dem Maisbrei wieder fort; und sogleich kam ein angenehmer kühler Wind heraus; eine kleine weiße Wolke erschien am Himmel und zog über die Wüste hinüber zu den Dörfern der Hopi.

Als die »kleinen Gesellen« wieder in den Dörfern der Hopi ankamen, waren alle Menschen hoch erfreut, und sie sind seitdem immer sehr dankbar. Und seit jener Zeit sind die Winde immer gerade richtig gewesen: stark genug, um den Menschen Kühlung zu verschaffen, ohne jedoch alle Dinge fortzublasen.

Seit jener Zeit und bis zum heutigen Tage werden im windigen Monat März von den Häuptlingen und Hohenpriestern der drei Dörfer auf der Second Mesa die Opfer der Gebetsfedern dem Windgott Yaponcha dargebracht.

(Hopi)

KINDHEIT UND ALTER – GEBURT UND TOD

Ein Kind ist ein Wesen
das gerade aus dem Großen Geheimnis
gekommen ist

Und ich
da ich ein alter Mann bin
bin gerade dabei,
in das Große Geheimnis zurückzukehren

In Wirklichkeit
sind wir einander also
sehr nahe

(Ein alter Lakota-Indianer)

7

GESCHICHTEN ERZÄHLEN

EINE BEGEGNUNG: GESCHICHTEN ERZÄHLEN

Die folgende Begegnung soll uns ein Stück näher an das Welt- und Menschenverständnis der Hopi-Indianer heranführen. Hier spielt mein indianischer »landlord« J.F. die Hauptrolle.
Bei einem seiner Besuche in meiner von ihm gemieteten Unterkunft im Dorf Kykotsmovi sprach J.F. über sein Verhalten gegenüber weißen Besuchern der Reservation:
Studenten der Universität von Californien kämen häufig zu ihm, um ihn über die Kultur der Hopi zu befragen. Wenn er sich über das Verhalten eines dieser Besucher ärgere, dann sage er ihm das nicht ins Gesicht. Vielmehr erzähle er diesem Weißen dann eine Geschichte. Und in dieser Geschichte tauche er – der Weiße – dann selbst auf als eine der Figuren. Es sei dann die Aufgabe des weißen Besuchers, sich selbst

in der Geschichte zu entdecken; darin die Kritik an seinem Verhalten zu erkennen; sie aus der Geschichte herauszufiltern und gegebenenfalls sein Verhalten dementsprechend zu ändern. (Wenn er mir späterhin eine Geschichte erzählte, habe ich seitdem immer gut aufgepasst, ob ich mich selbst darin entdecken konnte!)

Dieses Verfahren des alten Hopi ermöglicht uns einige wichtige Erkenntnisse über ihn selbst und über seine Art, Welt und Menschen zu sehen:

Wir erkennen eine zur Skepsis neigende Einstellung gegenüber Weißen. Tatsächlich wird man kaum jemals mit offenen Armen auf der Reservation empfangen – kein Wunder. Man muss sich – zumindest zunächst – auf ein relativ distanziertes, unter Spannung stehendes Verhalten vieler Hopi einstellen.

Kritik wird nicht gern offen ins Gesicht hinein geäußert. Sie wird vielmehr verwandelt, verpackt, verfremdet. Dadurch soll bei dem so Kritisierten nicht Fremd-Kritik ankommen; sondern er soll die Kritik als einen Prozess der Selbsterkenntnis erfahren; soll sein Verhalten aus eigener Erkenntnis und eigener Entscheidung heraus korrigieren.

Dafür wird ein eigener kreativer, künstlerischer Prozess bemüht; eine Geschichte wird erfunden (oder erinnert) und diesem Fremden wird darin eine Rolle gegeben. Stellen wir uns vor, wir sollten in einer solchen Situation eine solche Geschichte parat haben und diese auch noch passend zuschneiden. Da wird uns klar, wie weit wir von der Kunst des Geschichten-Erzählens, von der Tradition der Märchen, Mythen und Legenden entfernt sind. Und wir erkennen,
welche bedeutende Rolle Geschichten und das Erzählen von Geschichten in der Kultur der Hopi auch heute z.T. noch spielt. Durch dieses sogenannte »story telling« an langen Winterabenden führten die älteren Menschen die jüngeren in die Mythen, die religiösen Traditionen, die Geschichte, die Wertstrukturen und Leitbilder dieser Gemeinschaft ein. Hier geschah ein zentraler Teil der Erziehung und Schulung in einer Gesellschaft, die keine Schrift kannte. – Und wenn sich bis heute drei der zwölf Hopi-Dörfer mit Erfolg dagegen wehren, dass sie an das elektrische Stromnetz angeschlossen werden, so steht dahinter nicht nur die Angst, dass man Strom bezahlen muss,

und so in einen Zirkel von Verdienen- und Zahlen-Müssen hineingerät; sondern es wird darin auch das Bewusstsein sichtbar, dass sich dann der ganze Lebensrhythmus einer Gemeinschaft ändert und dass sich die Familie abends statt zum »story telling« zunehmend vor dem Fernseher versammeln wird. (Dieses geschieht in den meisten Hopi-Dörfern ohnehin heute schon. Ein Beispiel für den kulturellen Wandel, der sich im indianischen Amerika überall vollzieht – oder schon vollzogen hat.)

WAS ZWISCHEN SONNE UND MOND GESCHAH

Die Sonne war eine junge Frau und lebte im Osten, während ihr Bruder, der Mond, im Westen lebte.
Nun hatte die Sonne einen Geliebten, der jeden Monat in der Dunkelheit der mondlosen Nacht zu ihr kam, um sie zu umwerben. Er kam immer in der Nacht und ging wieder, bevor der Tag anbrach. Und obwohl sich die Sonne mit ihm unterhielt, konnte sie sein Gesicht in der Dunkelheit nicht erkennen, und er sagte ihr auch nicht seinen Namen. So fragte sich die Sonne immer, wer ihr Geliebter wohl sei.
Schließlich hatte sie eine Idee, wie sie die Identität ihres Geliebten herausfinden könnte. Als er das nächstemal kam, und sie in der Dunkelheit zusammensaßen, steckte sie heimlich ihre Hand

in die Schlacke und Asche der Feuerstelle und strich dann mit ihren Fingern über sein Gesicht. Dabei sprach sie: »Dein Gesicht ist kalt; du hast sicherlich unter dem Wind gelitten.«
Nach einer Weile verließ er sie und ging wieder fort.
Als der Mond am nächsten Abend am Himmel aufging, war sein Gesicht mit Flecken bedeckt. Da wusste seine Schwester, dass er derjenige war, der sie immer besucht hatte.
Der Mond war sehr beschämt, dass sie nun Bescheid wusste. Deshalb hielt er sich so weit wie möglich von ihr entfernt am anderen Ende des Himmels auf. Seitdem hat er immer versucht, großen Abstand von der Sonne zu halten. Und wenn er doch manchmal in ihrer Nähe im Westen erscheinen muss, dann macht er sich so schmal wie ein Band, so dass er kaum zu sehen ist.

(Cherokee)

COYOTE UND DIE EICHELHÄHER

Genau westlich vom Hopi-Dorf Oraibi lebte ein Coyote am Coyote-Berg. Er verbrachte viel Zeit mit Jagen. Er jagte zwischen den Felsen und in den Tälern um das Dorf herum. Seine bevorzugten Jagdgründe waren dort, wo es viele kleine Tiere gab, die er ohne große Mühe fangen konnte.

An einem Frühlingstag, an dem er wieder einmal in der Nähe des Coyote-Berges jagte, wurde er sehr durstig. Um etwas trinken zu können, musste er den Berg hinunter, an Windy Mesa und an einem trockenen Flusslauf vorbei zu Sand Spring hin. Als er endlich dort ankam, war er schrecklich durstig und schwitzte sehr.

Nachdem er ausgiebig getrunken und ein wenig geruht hatte, trottete er auf einem seiner alten bekannten Wege zu einem Ort hin, an dem

viele Wacholderbüsche wuchsen. Als er dort ankam, hörte er Lachen und Singen.
Leise kroch Coyote hinter den Büschen und Bäumen entlang, und sah dann einige junge Eichelhäher nahe einem großen Wacholderbusch singen und tanzen. Sie tanzten immer im Kreis herum, wobei sich ihre ausgebreiteten Flügel berührten. Wenn sie eine Weile getanzt hatten, machten sie eine Pause. Während dieser Pause flogen sie hoch hinauf in die Luft und schossen dann in die Wacholderbüsche hinunter. Coyote hatte den Eindruck, dass die kleinen Eichelhäher vom Himmel fielen. Aber kurz darauf kamen sie wieder aus dem Baum heraus, begannen ihren Tanz und Gesang von neuem und flogen wieder in die Luft.
Coyote beobachtete sie von seinem Platz aus hinter dem Baum. Er sagte zu sich: »Was die da machen, sieht ja sehr seltsam aus, aber sie scheinen großen Spaß dabei zu haben.« Gerade in diesem Moment entdeckte einer der kleinen Eichelhäher Coyote. Er rief: »Da seht nur! Ein Coyote schaut hinter seinem Baum hervor und beobachtet uns!«
Die kleinen Eichelhäher fragten Coyote, ob er nicht zu ihnen kommen wolle. »Du solltest mit

uns spielen. Lern unsere Lieder, dann geben wir dir ein paar von unseren Federn. Wir können sie an deinen Armen und Beinen befestigen, und dann kannst du hoch mit uns zum Himmel fliegen. Dann lassen wir dich los, und du fliegst genau wie ein Vogel zur Erde zurück. Es macht viel Spaß... Du wirst schon sehen. Aber zuerst werden wir dir unser Lied beibringen. Hör gut zu.«

Die kleinen Eichelhäher sangen ihr Lied, und Coyote hörte zu. Als sie zum zweiten Mal sangen, stimmte Coyote mit ein. Da er eine sehr laute Stimme hatte, war sie die einzige, die man hören konnte.

Als sie mit dem Singen fertig waren, zupften sich die kleinen Vögel einige Federn aus und befestigten diese an Coyotes Armen, an seinen Beinen und an seinem Rücken. Er sah damit seltsam aus, aber er war sehr glücklich. Er hatte sich schon immer gewünscht, fliegen zu können.

Die kleinen Eichelhäher sagten zu ihm: »Stell dich in einen Kreis mit uns und sing, wenn wir herumtanzen. Wir werden dich dann mit uns hoch in den Himmel hinaufnehmen, und du wirst danach selbst wieder zur Erde hinuntergleiten. Es wird viel Spaß machen.«

Also sang Coyote, und alle tanzten sie im Kreis. Nach einiger Zeit hörte Coyote auf zu singen, und alle hielten im Tanzen inne. Darauf schnappten die kleinen Eichelhäher sich Coyote und flogen mit ihm hoch in die Lüfte..., und dann ließen sie ihn fallen.
Die Eichelhäher selbst stürzten sehr schnell hinunter und setzten sich in den Wacholderbusch, um Coyote zu beobachten. Er schlug beim Fallen seine Arme hoch und nieder, aber er konnte nicht fliegen. Auch er stürzte sehr schnell zur Erde herunter – doch wie ein Stein. Aber er kam nicht zu Schaden: er landete nämlich im Wipfel eines Baumes.
Die kleinen Eichelhäher flogen zu Coyote herüber und holten sich alle ihre Federn wieder. Coyote sprang vom Baum herunter und rannte, so schnell er konnte, zurück zum Coyote-Berg. Die kleinen Vögel hatten ihm einen Streich gespielt. Sie hatten gewusst, dass er auch mit ihren Federn nicht fliegen konnte. Seitdem spielt Coyote nicht mehr mit kleinen Eichelhähern.

(Hopi)

LIED DER KLEINEN-GROSSEN MAUS

Es lebten einmal einige Mäuse unter einem krummen Holzbalken; und sie glaubten, sie seien die einzigen Leute auf der ganzen Welt. Eine von ihnen stellte sich auf und reckte ihre kleinen Arme nach oben. Siehe da, sie konnte gerade die untere Seite des Balkens berühren. Sie glaubte aber, sie sei sehr groß und reiche bis an den Himmel. Deshalb tanzte sie und sang dieses Lied:

In der ganzen weiten Welt
wer ist da
wie ich kleine Maus!

Wer ist da wie ich!
Ich kann den Himmel berühren.
Wirklich,
ich reiche bis an den Himmel.

(Winnebago-Indianer)

MISTER FROSCH UND MISTER COYOTE

Wir erkennen sofort, dass das folgende Märchen ähnlich ist wie Märchen aus anderen Teilen der Welt, ähnlich etwa wie das deutsche Märchen vom Wettlauf zwischen dem Hasen und dem Igel – oder ähnlich wie das Märchen vom Wettflug aller Vögel, um den höchsten Flieger zu ermitteln. Der Gewinner hierbei ist bekanntlich nicht – wie erwartet – der Adler, sondern das kleine Goldhähnchen, das sich zunächst von den Flügeln des Adlers hat emportragen lassen und dann mit seinen frischen Kräften etwas höher steigen kann als der erschöpfte Adler.

Da es kaum Kontakte zwischen alten europäischen und alten indianischen Märchen gegeben haben wird, dürfen wir hinter dieser Ähnlichkeit wohl eine allgemein menschliche, ursprüngliche Weisheit vermuten, also ein Beispiel für die »ursprünglich gemeinsame Sprache aller Menschen«, für C.G. Jungs Archetypen. Diese universale Weisheit heißt in diesem Märchen: Auch durch Klugheit, durch Schlauheit, gar durch List und Gaunerei kann man gewinnen, und dieser Gewinn gilt. Das indianische Märchen führt allerdings über die anderen hinaus, als in ihm das Ergebnis des trickreichen Laufs nicht eindeutig ist. Also wird (nur hier) ein weiteres Lösungsmodell ausprobiert, der Kompromiss. Dieser löst dann endgültig auch den Streit zwischen Mister Coyote und Mister Frosch:

Coyote und Frosch-Spirit hatten einen Streit darüber, wer von ihnen beiden Herr über den Regen sein sollte; wer also den Regen zur Erde schicken und dem Boden und der Natur die lebensnotwendige Feuchtigkeit geben sollte. Da die Argumente auf beiden Seiten gleich gut waren, wollten sie nun endlich zu einem Ergebnis kommen. Mister Coyote ist ein schneller Läufer, und er sagte: Lass es uns durch einen Lauf entscheiden. Wer diesen Lauf gewinnt, wird Herr sein über den Regen, über das feuchtigkeitsspendende Element der Natur!

Mister Frosch wusste, dass er bei einem solchen Wettbewerb keine Chance hatte, aber er sagte: »Lass mir Zeit, deinen Vorschlag zu überdenken. Die Herausforderung ist in Ordnung, aber lass mich darüber nachdenken!«
Mister Frosch beriet sich mit seinen Frosch-Nachbarn, und diese beschlossen schließlich, ihm zu helfen. Sie arbeiteten einen Wechsellauf aus, bei dem der erste Frosch nach dem ersten Sprung ein Loch in den Boden graben und darin hockenbleiben sollte. Nur ein Sprung – dann war ein anderer Frosch an der Reihe, und so weiter, die ganze Laufstrecke entlang.
Mister Frosch hatte den Wettbewerb akzeptiert und sagte: »An einem bestimmten Tag wird das Rennen stattfinden. Ich möchte Herr über den Regen sein, und Coyote möchte Herr über den Regen sein.« Und so vereinbarten sie das Rennen.
Der Tag des Rennens kam, und jeder Frosch sprang sein kleines Stück und versteckte sich

dann im Boden. Sie begannen also das Rennen. Coyote dachte, er hätte alles perfekt vorbereitet, war aber irritiert, dass sich während der ganzen Laufstrecke etwas Seltsames nahe seinem Ohr und nahe seiner Seite bewegte.
Als das Rennen begann, sprangen die Frösche wie verabredet: Der erste sprang zum zweiten, der zweite sprang als nächster, und so waren sie die ganze Zeit Seite an Seite mit Coyote bis zum Ende des Rennens. Am Ziel sah Coyote zurück und dachte, er hätte gewonnen. Hatte er aber nicht!
Daraufhin stritten sie darüber, wer denn nun das Rennen wirklich gewonnen habe. Frosch sagte: »Ich.« Coyote sagte: »Ich.« Und da sie sich nicht einigen konnten, schlossen sie einen Kompromiss. Coyote sagte: »Lass uns die Macht teilen. Ich habe einen bestimmten Teil der Kontrolle über die Feuchtigkeit und Frosch einen bestimmten anderen Teil.«
So kam es, dass Coyote Herr über den starken Regen mit Sturm und Blitz wurde und Frosch Herr über den sanften Regen, der so leicht von der Erde aufgenommen wird.
Das war ihre Art, die Macht zu teilen.

(Navajo)

WARUM ES ÜBERALL IM LANDE DER HOPI DIE KLEINEN GRAUEN MÄUSE GIBT

Bei diesem Text handelt es sich um einen Mythos – besser vielleicht: eine Fabel – der Hopi-Indianer. An eine Fabel erinnert der Text deshalb, weil in ihm Tiere die Hauptrolle spielen. Es ist hier aber nicht nur so – wie in den uns vertrauten Tierfabeln –, dass menschliche Stärken, Schwächen und Situationen auf Tiere übertragen und so zugleich verfremdet und einsichtig gemacht werden. Diese Geschichte zeigt vielmehr auch ein Miteinander von Mensch und Tier, wobei die Tiere hier Helfer des Menschen sind, ihn von den Folgen eines Unfalles heilen.

(Zum Text: Kivas heißen die meist unterirdischen Zeremonialkammern der Hopi-Indianer; der Dachs galt den Hopi als der entscheidende Helfer in Sachen Medizin.)

Die Kleinen Grauen Mäuse lebten in einem Berg westlich von Oraibi. Dort hatten sie stets gelebt, seitdem die Hopi aus der Unterwelt heraufgekommen waren. Ihre Heimat hieß Mäuseberg.
Eines Tages stürzte ein Mann bei der Jagd und brach sich ein Bein. Er schleppte sich zum Mäuseberg. Am Abhang des Berges fand er eine Öffnung. Als er hineinkroch, sah er, dass er in einem Kiva war. Überall waren viele kleine Mäuse, aber sie erschienen ihm wie kleine Kinder.
Der Mann bat sie, ihm zu helfen. Sie überlegten. Dann versammelten sie sich alle bei ihm und begannen, sein gebrochenes Bein zu reiben. Ganz bald fing es an zu heilen.
Je mehr Mäuse sich bei ihm sammelten und massierten, um so schneller heilte das Bein. Nach ganz kurzer Zeit war es gesund und stark, und der Mann konnte wieder gehen.
Als er nach Hause kam, erzählte er seiner Familie, was sich zugetragen hatte. Diese erzählten es anderen, und bald sprach alle Welt davon. So erreichte diese Nachricht auch den Alten Dachs in seinem Kiva nördlich von Oraibi.
Der Alte Dachs war stets ein Doktor der Hopi gewesen. Als er die Geschichte hörte, wurde er

zornig und eifersüchtig. Seine Augen färbten sich rot, und die Haare auf seinem Nacken standen zu Berge. Er beschloss, den Beweis zu führen, dass die Kleinen Grauen Mäuse in Wirklichkeit gar nicht wussten, wie man heilt. Vier Tage lang blieb er in seinem Kiva und aß nichts. Dadurch wollte er erreichen, dass er schwach und krank zu sein schien. Dann besorgte er sich einen dicken Knüppel und verbarg diesen unter seinem Bett – dort, wo er ihn leicht erreichen konnte. Schließlich schickte er seinen Sohn zu den Kleinen Grauen Mäusen in ihrer Wohnung am Mäuseberg. Er sollte sie bitten, zu kommen und ihn zu kurieren, weil er krank sei und nicht laufen könne.

Als die Mäuse kamen, trat ihr Führer an das Lager des Alten Dachses und untersuchte ihn. Unterdessen standen die anderen Mäuse alle herum und warteten. Dann sprach ihr Führer zum Alten Dachs:

»Du bist nicht krank! Du hast gar nichts. Dir fehlt nur was zu essen!«
In diesem Augenblick griff der Alte Dachs unter sein Bett, packte seinen Stock und sprang auf. Die Kleinen Grauen Mäuse huschten die Kiva-Leiter hoch. Bevor eine von ihnen den Stock zu spüren bekam, waren sie alle draußen. Doch nun auf ihrer Flucht nach Hause zum Mäuseberg merkten sie, dass der Alte Dachs ihnen immer näher kam. Sie konnten einfach nicht so schnell laufen wie er. Deshalb zerstreuten sie sich schnell in alle Winde über die ganze Wüste. Jede fand irgendwo ein Loch, in dem sie sich verstecken konnte.
Das ist der Grund, warum die Kleinen Grauen Mäuse heute überall im Land der Hopi leben.

WIE DER TOD IN DIE WELT KAM

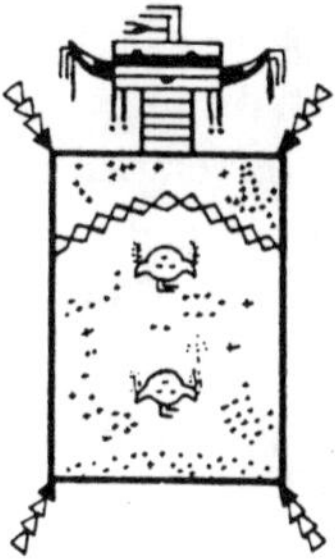

Kumokums lebte allein in der Nähe des Sprague-Flusses. Nach einiger Zeit begann er, sich einsam zu fühlen. Deshalb rief er alle Tiere zusammen, um mit ihnen zu reden.

»Lasst uns hier ein Dorf bauen, in dem wir alle miteinander leben können«, sagte er.

Die Tiere fanden die Idee sehr gut, nur einigen behagte der Ort nicht. »Es ist hier zu kalt und das Gras ist zu stoppelig«, sagte der Hirsch. »Ich denke, wir sollten lieber nach Yainax gehen.«

»Ich mag das kalte Wetter aber«, sagte der Bär. »Das ist die Zeit, wenn ich mich zusammenrollen und so lange schlafen kann, wie ich möchte. Ich bleibe lieber hier.«

Alle berieten nun die Angelegenheit, ohne sich ein einziges Mal zu streiten. Zum Schluss aber hatte Kumokums das Reden satt. Er sagte: »Hört mir einmal zu. Ich habe diese Versammlung einberufen, und ich bin ihr Chef. Wir werden zwei Dörfer bauen. Im Sommer werden wir in Yainax leben und im Winter hier am Sprague-Fluss. So werden alle zufrieden sein.«

»Aber wie lange dauert der Sommer und wie lange dauert der Winter?« fragte das Stachelschwein.

»Wir sollten das Jahr genau teilen, dann dauern beide sechs Monde lang«, antwortete Kumokums.

»Aber es gibt 13 Monde im Jahr. Was tun wir mit dem, der übrig ist?« hakte das Stachelschwein nach. Kumokums entschied: »Der 13. wird auch geteilt. Die eine Hälfte gehört zum Sommer, die andere zum Winter. Wir benutzen sie für den Umzug.«

Damit waren alle einverstanden, und nun fanden sie den Plan sehr gut.

Zu der Zeit war es gerade Sommer, genau der Monat, in dem der Eistaucher singt. Und so packten sie alle ihre Sachen zusammen und zogen nach Yainax.

Kumokums und die Tiere lebten auf diese Weise viele Jahre lang sehr glücklich; sie zogen

immer hin und her zwischen ihren Sommer- und Winterdörfern. Aber sie waren so glücklich, so zufrieden und hatten so gute Nahrung, dass mit der Zeit zu viele Babys geboren wurden. Irgendwann nahm sich das Stachelschwein der Sache an und ging zu Kumokums. »Kumokums«, sagte es, »es gibt hier zu viele Menschen. Unsere *alten* Leute sterben zwar, aber trotzdem sind wir noch zu viele. Wir alle wissen, dass die Toten in das jenseitige Land gehen und dass sie dort glücklich sind, wenn sie hier ein gutes Leben geführt haben. Nun sind doch alle Menschen unseres Dorfes gut genährt und zufrieden, also sind sie gut gewesen. Warum sollen wir sie, auch die jüngeren, nicht in das Land der Toten gehen lassen, wo sie glücklich sein können?«

Kumokums setzte sich wieder und dachte lange nach. Dann sagte er: »Ich glaube, du hast recht.

Die Menschen jeden Alters sollten die Erde für immer verlassen, wenn sie sterben. Der Führer des Landes der Toten ist ein guter Mann, sie werden glücklich in seinem Dorf sein.«

»Ich bin sehr froh, dass du das auch so siehst wie ich«, sagte das Stachelschwein und watschelte davon.

Als Kumokums fünf Tage später vom Fischen im Sprague-Fluss heimkehrte, hörte er Weinen aus seinem Haus. Er ließ seine Beute fallen, stürzte zur Tür im Dach des Hauses und kletterte durch den Rauchfang am Leiterpfosten hinunter. Seine Tochter lag auf dem Boden, und seine Frauen standen händeringend um sie herum.

»Was ist passiert? Was ist los mit ihr?« schrie Kumokums. Er liebte seine Tochter sehr. Seine Frau sagte weinend: »Sie hat uns verlassen und ist in das Land der Toten gegangen.«

»Nein, das kann sie nicht machen«, rief Kumokums laut. Er streichelte ihren Kopf und rief ihren Namen. »Komm zurück zu mir, bleib bei uns im Dorf«, bat er.

Dann schickte Kumokums seine Frau ins Dorf, um den tüchtigsten Medizinmann zu holen. Sie sangen und beteten über dem Körper des Mäd-

chens, aber nichts konnte sie wieder zurückbringen.
Schließlich kam das Stachelschwein rückwärts den Leiterpfosten durch den Rauchabzug heruntergewackelt. Es sagte: »Kumokums, es ist genau das geschehen, was du bestimmt hast. Du warst derjenige, der den Tod für jeden in der Welt gebracht hat. Nun musst du auch darunter leiden, wie jeder andere.«

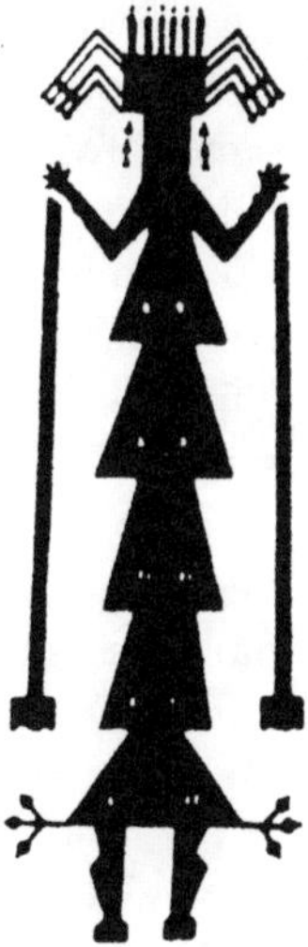

»Gibt es keinen Weg, sie zurückzuholen?« flehte Kumokums.
»Es gibt einen Weg«, antwortete das Stachelschwein, und auch der Bär nickte mit dem Kopf, denn er ist genauso weise wie das Stachelschwein. »Es gibt einen Weg, aber er ist schwer und gefährlich. Du selbst musst in das Land der Toten gehen und seinen Häuptling, deinen Freund, bitten, dir deine Tochter zurückzugeben.«
»Es ist egal, wie hart und gefährlich es ist, ich werde es tun«, versicherte Kumokums.

Er legte sich an der gegenüberliegenden Seite des Hauses nieder und schickte seinen Geist aus seinem Körper heraus weit, weit weg in das Land der Toten.

»Was willst du, und wegen welcher Person bist du gekommen?« fragte der Häuptling. Er war ein Skelett wie auch alle anderen Menschen in seinem Dorf.

»Ich bin gekommen, um meine Tochter wieder mit nach Hause zu nehmen«, antwortete Kumokums. »Ich liebe sie sehr und möchte sie bei mir haben. Aber ich kann sie nirgends sehen.«

»Sie ist hier«, erwiderte der Häuptling des Landes der Toten. »Ich mag sie auch gern. Ich habe sie in mein eigenes Haus aufgenommen, damit sie meine eigene Tochter ist.« Er drehte sich um und rief: »Komm heraus, Tochter«, und das schlanke Skelett eines jungen Mädchens kam durch das Loch im Dach herausgeklettert.

»Das ist sie«, sagte der Häuptling des Landes der Toten. »Meinst du, du erkennst sie wieder und möchtest sie mit zurück in dein Dorf nehmen – so, wie sie ist?«

»Wie auch immer sie aussieht, sie ist meine Tochter und ich möchte sie mitnehmen«, sagte Kumokums.

»Du bist ein tapferer Mann«, bemerkte der Häuptling des Landes der Toten. »Noch niemand, der hierher kam, hat das gesagt. Wenn ich sie dir gebe und sie wieder in das Land der Lebenden zurückkehrt, wird es nicht einfach sein. Du musst genau das tun, was ich dir jetzt sage.«

»Ich werde alles genauso tun, wie du es mir sagst«, versprach Kumokums.

»Dann hör mir ganz genau zu«, sagte der Häuptling des Landes der Toten. »Nimm deine Tochter bei der Hand, und führe sie hinter dir her. Geh geradewegs zu deinem Ort zurück. Viermal darfst du ihre Hand drücken, und sie wird wärmer und runder werden. Wenn du in deinem Dorf ankommst, wird sie wieder sie selbst sein, so wie du die kennst. Aber was immer du auch tust: schau *nicht* zurück. Wenn du das tust, wird deine Tochter zu mir zurückkehren.«

»Ich werde es genauso tun, wie du gesagt hast«, versprach Kumokums.

Kumokums streckte seine Hand nach hinten aus und spürte, wie die Knochen der Hand seiner Tochter seine Hand ergriffen. Gemeinsam machten sie sich auf den Weg. Kumokums ging voran. Einmal hielt er an und drückte die Hand seiner Tochter. Es war schon etwas Fleisch an den Knochen, und Kumokums Herz war leichter als zu irgendeiner Zeit seit ihrem Tode.
Viermal hielt Kumokums an und drückte die Hand – und jedesmal war sie etwas wärmer und fester und lebendiger in seiner eigenen Hand. Ihr eigenes Dorf lag nun schon direkt vor ihnen. Sie kamen aus dem Land der Toten heraus und in das Land der Lebenden. Es war schon so nahe, dass Kumokums dachte, sie seien nun sicher. Er schaute sich um zu seiner Tochter – und sah nur für einen Moment einen Knochenhaufen auf der Erde liegen, dann war auch der weg.
Kumokums öffnete die Augen in seinem eigenen Haus.
»Ich habe dir vorher gesagt, dass es schwer und gefährlich sein würde«, erinnerte ihn das Stachelschwein. »Nun wird es immer den Tod in der Welt für alle Menschen, egal wie alt sie sind, geben.«

(Modoc)

8

SCHÖNHEIT STRÖMT AUS VON DER FRAU

EINE BEGEGNUNG: »IT'S THE FAMILY«

Auf der Pueblo-Reservation Laguna war Kirchenpatronatsfest, und dieses wurde mit Tänzen, Ausstellungen und Verkaufsständen groß gefeiert – ähnlich wie es in allen anderen Pueblos geschieht. Zur Feier des Tages waren zahlreiche indianische und weiße Besucher mit Autos angereist; ich war einer von ihnen. Ich parkte mein Auto auf einem großen Parkplatz. Da Fotografieren verboten war, ließ ich alle meine Habseligkeiten im Auto. Als ich nach einigen Stunden zurückkam, war das Auto aufgebrochen und ausgeraubt. Auch dreizehn belichtete Dia-Filme waren verschwunden. Trotz umfangreicher Recherchen und einer Anzeigenkampagne in der lokalen Presse habe ich nie etwas wiederbekommen – noch habe ich je erfahren, wer für den Diebstahl verantwortlich war: Indianer oder weiße Besucher.

Ich hatte mich sofort mit der Stammespolizei in Verbindung gesetzt und wurde bei meiner vergeblichen Suche in den folgenden Tagen vor allem von einer Polizistin betreut, die als Tochter eines französischen Vaters und einer indianischen Mutter auf dieser Reservation aufgewachsen war; sie hatte dann viele Jahre ihres Lebens in Los Angeles verbracht; war nun aber zur Reservation zurückgekehrt und wollte nur noch hier leben, »da ich mich als Indianerin und nicht als Weiße fühle«.

Als ich sie fragte, warum sie ein indianisches Leben so sehr einem Leben in der Welt der Weißen vorziehe, antwortete sie mit dem Satz: »It's the family«. Im Gespräch ergab sich, dass sie mit »family« keineswegs nur ihre Kinder und Eltern meinte, sondern dass dies der Begriff war für die gesamte Sozialstruktur der Dorfgemeinschaft. »Family« bedeutete für sie die Übersichtlichkeit der kleinen Gemeinde von einigen hundert oder höchstens einigen tausend Menschen, die einander alle kennen. »Family« bedeutete die Untergliederung dieser Gemeinde in Clane und Großfamilien, wo die einzelnen Menschen aller Generationen in engem sozialen Kontakt miteinander leben. Die

Polizistin betonte, dass im Pueblo sich nahezu jeder Mensch mit jedem verwandt wisse – entweder aufgrund einer Blutsverwandtschaft oder aufgrund einer Zeremonialverwandtschaft. Isolierung und Vereinsamung des einzelnen Menschen, wie sie es in Los Angeles erlebt habe, komme hier kaum vor. – Diese »soziale Wärme« hatte sie zur Reservation zurückgezogen. Inzwischen muss man wohl die Frage stellen, wie weit diese »family«-Struktur der Gesellschaft selbst auf Reservationen noch intakt ist.

ES STRÖMT AUS VON DER FRAU

Es strömt aus von der Frau
Schönheit strömt aus
von der hinteren Ecke meines Hauses
Es strömt aus von der Frau

Schönheit strömt aus
von der Mitte meines Hauses
Es strömt aus von der Frau
Schönheit strömt aus
vom Feuerplatz meines Hauses
Es strömt aus von der Frau
Schönheit strömt aus
von der Schwelle meines Hauses
Es strömt aus von der Frau
Schönheit strömt aus
von der Umgebung meines Hauses
Es strömt aus von der Frau
Schönheit strahlt aus
in jede Richtung

ja so ist es

(Lied aus einem traditionellen Navajo-Segensritual)

MUTTER ERDE

Wir müssen auf die Natur dieser Erde lauschen. Wir müssen hören, was sie zu sagen hat. Denn ohne jene zwei kann niemand hier auf Erden leben: den Vater, der der Schöpfer ist, und die Mutter, die die Kinder trägt.
Und wie man aus dem Inneren der eigenen Mutter kommt, so kommen wir aus dem Inneren dieser Erde, unserer Mutter. Und wie man seine Mutter liebt, sie beschützen möchte, ihr Dankbarkeit zeigen möchte, weil sie uns an ihrer Brust nährt und über uns wacht, bis man die Kraft hat, hinauszugehen und für sich selbst zu sorgen: In gleicher Weise sehen wir auf diese Erde. Wir haben das gleiche Gefühl ihr gegenüber. Wir lieben diese Erde, wie wir unsere leibliche Mutter lieben. Denn es ist doch wahr, dass sie uns Nahrung und Schutz bietet. Und wenn wir die Erde zerstören oder sie ohne Respekt behandeln, dann zeigen wir auch keinen Respekt gegenüber unserer Mutter.

(Joe Lafferty)

GROSSMUTTER

Abgesehen von der Mutter war die Großmutter die wichtigste Person im Hause. Ihr Platz konnte einfach von niemandem sonst ausgefüllt werden... Anhänglichkeit an die Eltern war sehr ausgeprägt, und die Alten wurden bis zum letzten Tag mit Fürsorge und Hingabe bedacht. Niemals gab man ihnen Grund, sich nutzlos oder unerwünscht vorzukommen, denn es gab bestimmte Aufgaben, die nur von den Alten ausgeführt wurden, und außerdem war es eine streng eingehaltene Sitte, dass die jungen Leute die Älteren mit Achtung und Ehrfurcht behandelten.

Großmutter füllte einen Platz aus, den Mutter nicht ausfüllte, und je älter sie wurde, um so mehr schienen wir Kinder uns auf ihre Aufmerksamkeit und Fürsorge zu verlassen.

Ich kann niemals vergessen, wie eine meiner Großmütter – es war Mutters Mutter – auf ganz wunderbare Art für mich sorgte. Nicht nur für mich, sondern auch für andere Kinder des Dorfes war es ein Vergnügen, ihr beim Geschichtenerzählen zuzuhören. Sie hatte einen ausgeprägten Sinn für Humor und lachte ebenso gern wie wir.

(Chief Standing Bear)

ICH BIN

Ich bin ein Gefäß,
geformt
aus Schichten
von erfahrenem Leben.

(Nora Naranjo-Morse)

DIESE ERDE

Ich stehe in Ehrfurcht vor dieser Tonerde,
die mich mit Leidenschaft und
Verwunderung erfüllt.
Diese Erde –
ich bin ein Teil von ihr geworden,
aus der ich auch selbst hervorgewachsen bin.

(Nora Naranjo-Morse)

DAS STEINERNE KANU

Es war einmal ein wunderschönes Chippewa-Mädchen, das an eben dem Tag starb, als es einen kühnen jungen Krieger heiraten wollte.

Dieser war zwar sehr tapfer, aber einen solchen Kummer konnte er fast nicht ertragen. Er setzte sich in die Tür seiner Hütte und ging nicht mehr mit den anderen Indianern auf die Jagd.
Er konnte nur noch an das tote Mädchen denken und wünschte und wünschte, dass er in das Land der Seelen gehen könne, da er wusste, dass sie dort lebte. Aber er wusste nicht, wo dieses Land lag. Und alles, was ihm die alten Leute sagen konnten, war, dass es wohl im Süden liege.
Nachdem er nun viele Tage getrauert hatte, entschloss er sich, dieses Land zu suchen. Er packte einige Nahrungsmittel in eine Tasche, suchte seine Pfeile und den Bogen zusammen, pfiff nach seinem Hund und machte sich auf den Weg. Und obwohl er viele Tage wanderte, sah alles immer noch so aus wie in dem Land, das er gerade verlassen hatte – Wälder, Hügel und Täler, in denen der Schnee dick auf der Erde und wie Matten auf den Bäumen lag.
Aber dann verschwand der Schnee langsam, und als er immer weiter ging, sah er Bäume, an denen die Blätter sprossen, und er hörte die Lieder der Vögel. Nach einigen weiteren Tagen hatte er das südliche Land erreicht, wo alles

warm und strahlend ist. Dort sah er einen engen Pfad, der durch den Wald auf einen Hügel hinaufführte.

Er folgte diesem Weg und fand auf der Spitze des Berges eine Hütte. In der Tür stand ein Indianer, der einen Umhang aus Bärenfell trug. Er war ein sehr alter Mann, aber seine Augen strahlten mild.

»Komm herein, Enkel«, sagte er, »ich habe dich erwartet. Das Mädchen, das du suchst, ging vor einigen Tagen hier vorüber. Du kannst ihm folgen und das Land der Seelen betreten, doch musst du deinen Körper hier bei mir lassen. Meine Hütte ist das Tor in dieses wunderbare Land, und dort benötigst du weder deinen Körper noch deine Pfeile und den Bogen. Lass sie bei mir, und ich werde sie sicher aufbewahren. Sieh dorthin! Siehst du die tiefe Schlucht und jenseits die wunderschöne Ebene? Das ist das Land der Seelen, und diejenige, die du suchst, ist schon dort.«

Plötzlich fühlte sich der junge Mann ganz leicht, und seine Füße begannen zu laufen, als ob sie Flügel hätten. Alles erschien ihm wie vorher, nur viel schöner, und die kleinen Tiere hatten keine Angst vor ihm. Sie schienen zu

wissen, dass er sie nicht töten würde, und als er eilig durch den Wald lief, bemerkte er, dass ihn die Bäume nicht aufhielten. Er schien mitten durch sie hindurch zu laufen, und er bemerkte dann auch, dass sie nur die Bilder von Bäumen waren. Schließlich kam er an einen wunderschönen See, dessen Wasser klar und glitzernd war. In der Mitte dieses Sees war eine Insel mit grünem Gras, Blumen und Vögeln. Und dann entdeckte er zu seiner Freude ein Kanu, das am Ufer lag. Es war aus glänzendem weißen Stein, und auch die Paddel leuchteten. Er kletterte in das Boot und stieß vom Ufer ab. Und zu seiner großen Überraschung sah er sein geliebtes Mädchen in einem ebensolchen Kanu direkt neben ihm. Sie blieben nahe beieinander und begannen, über den See zu rudern. Die Wellen schienen immer größer zu werden und sahen aus der Entfernung so aus, als ob sie die beiden verschlingen würden. Aber wenn die Riesenwellen näher kamen, schwappten sie vorüber und schadeten ihnen nicht – und das Mädchen und ihr Geliebter bemerkten, dass es nur Gestalten, nur die Formen von Wellen waren.

Schließlich erreichten sie in ihren Kanus das Ufer der Insel. Sie sprangen ans Land und liefen fröhlich durch das weiche Gras. Sie stellten fest, dass die Luft selbst Nahrung war, und sie dachten nur an große Dinge. Denn es gab keine Traurigkeit hier in diesem Land, keine kalten Winde, keinen Hunger – nur Fröhlichkeit und Klarheit. Als der Krieger an der Seite des Mädchens dahinlief, hörte er auf einmal die Stimme des Herrn des Lebens zu ihm sprechen: »Geh zurück«, sagte er, »dorthin, wo du hergekommen bist. Dein Werk ist noch nicht vollendet. Geh zurück, sei ein guter Mann und tu all die Arbeit, die ich dir gebe. Du musst den Geist deiner Geliebten verlassen, aber sie wird hier auf dich warten. Sie ist hier angenommen und wir immer jung und glücklich bleiben. Wenn deine Arbeit vollendet ist, werde ich auch dich aus dem Land des Hungers und der Tränen hierher in das wunderbare Land der Seelen rufen.«
Und so verabschiedete sich der junge Mann von dem Mädchen, stieg in das Kanu und überquerte den See. In ein paar Minuten hatte er die Hütte des alten Mannes erreicht. Der Indianer lächelte, als er ihn sah. »Komm herein, Enkel«, sagte er, »und du wirst deinen Körper hier finden.«

Der junge Mann gehorchte, und als er wieder herauskam, fühlte er sich wie vorher, als er zum erstenmal hierhergekommen war. Aber sein Herz war jetzt kühn. Der alte Indianer lächelte ihn wieder an. »Ich sehe, wie tapfer und stark du bist«, sagte er, »und meine Botschaft für dich ist: Bleib immer fröhlich und erheitere jedes traurige Leben, das du siehst.«
Der junge Mann versprach, der Weisung zu gehorchen. Dann warf er einen letzten langen Blick auf das Land der Seelen und begann seinen Heimweg.

(Chippewa)

PFLANZLIED: DIE HEILIGE SPUR MEINES FUßES

Ich habe die Spur meines Fußes hinterlassen
eine heilige Spur
Ich habe die Spur meines Fußes hinterlassen

durch sie dringen die Halme nach oben
Ich habe die Spur meines Fußes hinterlassen
durch sie leuchten die Halme
Ich habe die Spur meines Fußes hinterlassen
über ihr wogen die Halme im Wind
Ich habe die Spur meines Fußes hinterlassen
über ihr neigen sich die Ähren einander
Ich habe die Spur meines Fußes hinterlassen
über ihr beuge ich den Halm
um die Ähre zu pflücken
Ich habe die Spur meines Fußes hinterlassen
über ihr liegen die Blüten
blass und farblos
Ich habe die Spur meines Fußes hinterlassen
Rauch steigt auf aus meinem Hause
Ich habe die Spur meines Fußes hinterlassen
Freude herrscht in meinem Haus
Ich habe die Spur meines Fußes hinterlassen
ich lebe im Licht des Tages.

(Pflanzlied der Osage)

ICH BIN GEWANDELT WORDEN

Das Bild zeigt ein Apachen-Mädchen bei der Pubertätszeremonie (August 1983). Wenn ein Mädchen bei den Apachen (und anderen Indianerstämmen) geschlechtsreif geworden ist, wird von seine Eltern nach traditionellem Brauch eine mehrtägige Feier veranstaltet. Bei dieser tanzt das Mädchen in zeremonieller Kleidung mehrere Tage lang; es segnet Kinder und kranke Menschen; und wird selbst von dem die Zeremonie leitenden Medizinmann für ein langes Leben mit vielen Kindern »gestaltet« und gesegnet.

Die Texte, die dabei gesungen und gebetet werden, bleiben dem Zuschauer unverständlich, da nur die Apachen-Sprache benutzt wird. Aber zweifellos passt ein altes indianisches Dankgebet gut zu dieser Situation:

Freunde schaut
ich bin geheiligt worden.

Freunde schaut
in heiliger Weise
bin ich gewandelt worden
als die Wolken sich versammelten.

Freunde schaut
ich bin geheiligt worden.

Heute wird nicht mehr für alle Apachen-Mädchen eine solche Feier veranstaltet. Dazu ist die Überfremdung durch unsere euro-amerikanische Kultur auch dort viel zu stark. Aber auf den meisten Apachen-Reservationen im Südwesten der USA finden sommertags noch allwöchentlich diese sehr eindrucksvollen Zeremonien statt.

FRAUEN UND BALANCE

In allen patriarchalisch orientierten Gesellschaften nehmen Frauen eine mehr oder weniger geschwächte Rolle ein im Verhältnis zu Männern. Wie verhält es sich mit dieser Beziehung in indianischen Gesellschaften?
Zunächst einmal erwecken viele von ihnen auf den ersten Blick den Eindruck, als seien auch sie männerbestimmt. Häuptlinge sind in der Regel

(keineswegs aber immer) Männer. Auch der Begriff Medizinmann orientiert sich schon in seiner Benennung am Männlichen, obwohl es auch Medizinfrauen gab und gibt. Im Rat mancher Stämme sitzen nur Männer, bei anderen haben Frauen zwar Sitz, aber keine Stimme im Rat.
Haben Indianer also eine ähnliche Tradition der Männerherrschaft wie die europäischen Völker? Wo bleibt dann in diesem Bereich die Idee der Balance?
Bei näherem Hinsehen stellen wir fest, dass die große Mehrzahl indianischer Völker Nordamerikas matrilokal und matrilinear organisiert sind. Das bedeutet, dass der Mann bei der Eheschließung in der Regel zur Frau zieht, die junge Familie also bei den (oder in der Nähe der) Eltern der Frau lebt (= matrilokal). Und es bedeutet, dass ihre Kinder zum Clan der Mutter und nicht zum Clan des Vaters gehören (= matrilinear). Beides stellt offensichtlich einen wichtigen Unterschied gegenüber vorherrschenden europäischen Traditionen dar.
Bei den Irokesen spricht mancher gar von einer Frauenherrschaft, wenn man herausstellt, dass bei ihnen nur ein Mann Häuptling sein konnte – jedoch die älteren Frauen des Stammes be-

stimmten, wer Häuptling wurde! Und sie hatten auch das Recht, ihn abzusetzen und einen neuen zu bestimmen, wenn der erste sich in ihren Augen den Aufgaben nicht gewachsen zeigte.

Außerdem war bei den Irokesen und anderen Indianern der Bruder der Mutter wichtiger für die Erziehung der Kinder als der Vater – denn der Mutterbruder gehört ja zum gleichen Clan wie die Kinder, während der Vater praktisch immer aus einem anderen Clan kommt. Statt von einer Frauenherrschaft sollte man allerdings wohl besser von einer Geschlechtssymmetrie sprechen, bei der sich Macht und Einfluss des Vaters und der Mutter die Waage zu halten suchen. Darin wird auch in dieser Geschlechterbeziehung das Konzept der Balance deutlich.

Dieser Gedanke der Geschlechtersymmetrie oder Geschlechterbalance kommt sehr gut in einem Gedicht des (Teil-)Cherokee-Indianers Norman H. Russel zum Ausdruck:

ZWEI KREISE

Es gibt zwei Kreise
Die Männer bilden einen Kreis in der Mitte
Um das große Feuer herum
Hinter ihnen bilden die Frauen
einen Kreis
In den kalten Schatten

Die Männer sprechen viel Weisheit
Sie machen all die Gesetze
Sie fällen all die Entscheidungen
Dann schauen sie nach hinten
zu den Frauen:

Wenn die Frauen den Kopf schütteln
Müssen die Männer
Wieder von vorn anfangen

Von den Navajo-Indianern, dem größten Stamm in Nordamerika von nahezu 200.000 Mitgliedern, kann man mit Recht sagen, dass die Frau im Zentrum der Kultur dieses Volkes steht. Die Kinder sind in erster Linie ihre Kinder, und sie gehören nur zu ihrem Clan; sie ist die Besitzerin der Schafe, Rinder oder Pferde, von denen viele Navajo heute noch leben; ihr gehört auch der Hogan, das gemeinsame Haus der Familie; wenn es zu einer Scheidung kommt, muss der Mann dieses gemeinsame Haus verlassen, nicht die Frau. Dafür hat allerdings der Mann im politischen Leben des Stammes das größere Sagen, so dass die Geschlechtersymmetrie wieder in etwa gewahrt erscheint.
Die Krieger- und Jägerkulturen der Prärie, die unser Bild von Indianern geprägt haben, scheinen allerdings mehr männer- als frauenbestimmt gewesen zu sein. Doch wir wissen, dass diese Kulturen nur eine relativ kurzzeitige Ausprägung indianischen Lebens in einem begrenzten Raum darstellten. – Bei vielen Indianervölkern wird also auch in der Geschlechterbeziehung der Versuch sichtbar, ein ausgeprägtes Machtgefälle zu vermeiden und eine Balance der Macht zu erreichen.

DAS INDIANISCHE ASCHENPUTTEL

Am Ufer einer ausgedehnten Bucht am Atlantik lebte einst ein großer indianischer Krieger. Es wurde gesagt, dass er einer von Glooskaps besten Helfern und Freunden gewesen war und dass er viele wundervolle Taten für ihn vollbracht hatte. Aber das weiß heute niemand mehr so ganz genau.

Sicher ist nur, dass er eine ebenso wunderbare wie seltsame Macht besaß: Er konnte sich unsichtbar machen. So war es ihm möglich, sich unter seine Feinde zu mischen und ihre Gespräche zu belauschen. Von den Menschen wurde er »Strong Wind, der Unsichtbare« genannt.

Er lebte zusammen mit seiner Schwester in einem Zelt nahe dem Meer, und sie half ihm viel bei seiner Arbeit. Er war wegen seiner großen Taten sehr begehrt, und viele Mädchen hätten ihn gern geheiratet. Aber es war bekannt, dass »Strong Wind« das erste Mädchen heiraten würde, das in der Lage war, ihn bei der abendlichen Heimkehr zu erblicken. Obwohl viele diese Probe machten, dauerte es sehr lange, bis eine sie bestand.

»Strong Wind« bediente sich nämlich eines schlauen Tricks, um die Wahrheitsliebe all der Mädchen zu prüfen, die ihn für sich gewinnen wollten. Jeden Abend, wenn der Tag sich seinem Ende näherte, ging seine Schwester zum Strand hinunter. Sie wurde begleitet von dem Mädchen, das die Probe machen wollte. Seine Schwester konnte ihn immer sehen, aber niemand sonst.

Wenn er dann im fahlen Licht der Abenddämmerung von seiner Arbeit nach Hause kam, fragte seine Schwester das Mädchen: »Kannst du ihn sehen?« Und jedes Mädchen sagte die Unwahrheit: »Ja, ich sehe ihn.« Dann fragte die Schwester weiter: »Womit zieht er seinen Schlitten?« Und die Mädchen sagten dann: »Mit dem Fell eines Elches« oder »mit einer Stange« oder »mit einem langen Strick«. Und dann wusste seine Schwester immer, dass sie gelogen und die Antworten nur geraten hatten.

So versuchten es viele. Sie sagten die Unwahrheit und bestanden nicht die Probe. Denn »Strong Wind« wollte niemanden heiraten, der unwahrhaftig war.
In einem nahegelegenen Dorf lebte ein großer Häuptling mit seinen drei Töchtern, deren Mutter schon lange tot war. Eine von den dreien war sehr viel jünger als ihre beiden Schwestern. Da sie sehr schön und freundlich war, wurde sie von allen Leuten geliebt. Die älteren Schwestern aber waren sehr eifersüchtig auf sie wegen ihrer Anmut und behandelten sie grausam. Sie zogen ihr Lumpen an, damit sie hässlich aussah; sie schnitten ihr langes, schwarzes Haar ab, und sie verbrannten ihr das Gesicht mit Kohlen vom Feuer, damit sie vernarbt und verunstaltet aussah. Außerdem belogen sie ihren Vater, indem sie ihm erzählten, dass sie alle diese Dinge selbst getan hätte. Trotz alledem blieb die jüngste Schwester geduldig, sie bewahrte sich ihre Freundlichkeit und verrichtete frohen Mutes ihre Arbeit.
Wie schon viele andere Mädchen vor ihnen, so versuchten auch des Häuptlings zwei älteste Töchter, »Strong Wind« zu gewinnen. Eines Abends gingen sie mit seiner Schwester in der

Dämmerung zum Strand hinunter und warteten auf seine Heimkehr. Nach kurzer Zeit kam er von seiner Arbeit zurück und zog seinen Schlitten hinter sich her. Wie immer fragte seine Schwester

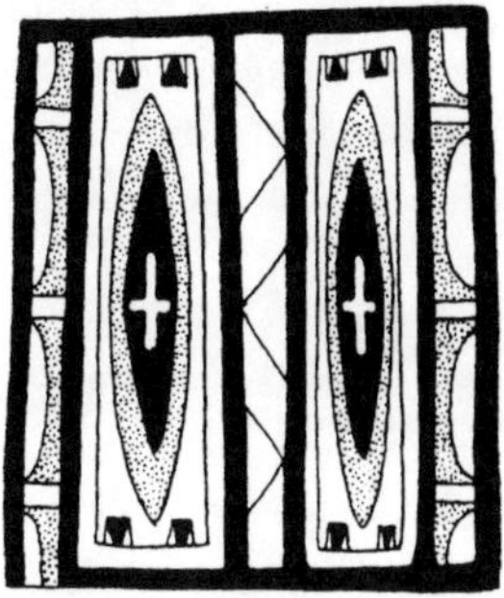

auch dieses Mal: »Seht ihr ihn?« Und jede antwortete mit einer Lüge: »Ja.« Sie fragte weiter: »Aus welchem Material ist sein Schulterriemen?« Beide Schwestern rieten: »Aus rohem Leder.« Daraufhin betraten sie das Zelt in der Hoffnung, dort »Strong Wind« beim Abendessen zu sehen. Als er seinen Mantel und seine Moccasins auszog, konnten sie diese zwar sehen, mehr aber sahen sie nicht. Da »Strong Wind« wusste, dass sie die Unwahrheit gesagt hatten, blieb er unsichtbar, und sie kehrten bestürzt nach Hause zurück.

Eines Tages beschloss des Häuptlings jüngste Tochter, »Strong Wind« zu besuchen – trotz ihrer Lumpen und ihres verbrannten Gesichts.

Sie flickte ihre Kleidung mit Rindenstückchen von Birkenbäumen und legte den wenigen Schmuck an, den sie besaß. Dann machte sie sich auf den Weg, um zu versuchen, den Unsichtbaren zu sehen, so wie es alle die anderen Mädchen ihres Dorfes vor ihr schon getan hatten.

Ihre Schwestern lachten sie aus und bezeichneten sie als »Närrin«; und wie sie so auf der Straße daherging, lachten auch alle anderen Menschen über ihr zerlumptes Kleid und ihr verbranntes Gesicht; aber sie ging still ihren Weg.

»Strong Wind's« Schwester begrüßte das junge Mädchen freundlich und nahm sie in der Dämmerung mit zum Strand. Kurz darauf kam auch »Strong Wind« selbst nach Hause, seinen Schlitten hinter sich her ziehend. Und seine Schwester fragte: »Kannst du ihn sehen?« Und das Mädchen antwortete: »Nein.« Seine Schwester war sehr verwundert, dass dieses Mädchen die Wahrheit sagte. Und sie fragte noch einmal: »Kannst du ihn jetzt sehen?« Und dieses Mal antwortete das Mädchen: »Ja, und er ist wunderbar.« Die Schwester fragte: »Womit zieht er seinen Schlitten?« Und das Mädchen antwortete furchtsam: »Mit einem Regenbogen.« Sie wurde weiter gefragt: »Woraus ist die Sehne seines Bogens?« Und sie antwortete: »Seine Bogensehne ist die Milchstraße.«

Da wusste »Strong Wind's« Schwester, dass sie die Wahrheit gesagt hatte, und dass sich ihr Bruder für sie sichtbar gemacht hatte, weil sie zu Anfang die Wahrheit gesprochen hatte. Da sprach die Schwester: »Es ist wahr, du hast ihn gesehen.« Und sie nahm das Mädchen mit nach Hause und badete es – und plötzlich verschwanden alle Narben aus ihrem Gesicht und von ihrem Körper; ihre Haare wuchsen wieder lang und schwarz wie die Flügel des Raben; und »Strong Winds« Schwester gab ihr schöne Kleider und kostbaren Schmuck.

Daraufhin bot sie ihr den Platz der Ehefrau im Zelt an. Bald darauf kam auch »Strong Wind«.

Er setzte sich zu ihr und nannte sie seine Braut. Schon am nächsten Tag wurde sie seine Frau und half ihm das ganze Leben hindurch bei seinen großen Taten.

Die beiden älteren Schwestern des Mädchens waren sehr zornig und wunderten sich über das, was geschehen war. Aber »Strong Wind«, der um sie und ihre Grausamkeiten wusste, beschloss, sie zu bestrafen. Er machte Gebrauch von seiner großen Macht, verwandelte sie in Zitterpappeln und verwurzelte sie tief in der Erde. Seit diesem Tag zittert das Espenlaub immerzu, es erschauert und denkt mit Furcht an die Ankunft »Strong Winds«.

Auch wenn er ganz sanft daherkommt, zittert es, denn sie denken immer noch an seine große Macht und an seinen Ärger über ihre Lügen und über die Grausamkeiten, die sie ihrer Schwester vor langer Zeit zufügten.

(North-East Woodland)

BEL WOMAN

Frau, es mag sein,
dass ich nur ein Stein bin,
von dem aus du
zu besseren Dingen hochsteigst.
Mag es so sein.
Aber während der Zeit,
da du hier bei mir bist,
wird die Freude über dich
ein Trost für meine Seele sein.
Dann kommt vielleicht der Tag
an dem du hinschaust
– und der Stein ist fort.
Er wird dann zerbrochen
und unter den Fluss gesunken sein;
den du überquert hast.

(Roman C. Adrian, Apache, geb. 1950)

9

SPIRITUALITÄT

EINE BEGEGNUNG: »WIR BEKENNEN UNS ZU EINER RELIGION – INDIANER LEBEN IHRE RELIGION«

In der Stadt Santa Fe werden in vielen Geschäften die kunsthandwerklichen Produkte der Indianer der Umgebung verkauft. Man kann dort Pueblo-Puppen, Zuni-Türkisschmuck, Papago-Körbe, Hopi-Silberschmuck, Navajo-Teppiche und vieles andere erwerben. In manche der Navajo-Teppiche sind Darstellungen der Geistwesen der Navajo, der sogenannten Yei, eingewoben.

Bevor ich einen kleinen Wandteppich dieser Art kaufte, unterhielt ich mich lange mit dem Ladeninhaber über Handwerk, Kultur und Religion von Indianern. Der Mann war weißer Amerikaner, hatte aber auf der Navajo-Reservation gelebt und kaufte die Teppiche selbst dort bei befreundeten Navajos. Wir verglichen indianische Kulturen mit unserer abendländischen. In Bezug auf die tradierte indianische Religionsausübung fasste der Mann seine Auffassung vom Unterschied zwischen der Religiosität der Weißen und der Indianer in folgendem Satz zusammen: »We profess our religion – Indians live their religion.« = »Wir *bekennen* uns zu einer Religion – Indianer *leben* ihre Religion«.

Damit versuchte dieser Händler in Worte zu fassen, was jedem aufmerksamen Beobachter traditionsbestimmter Kulturen auffällt: Religion spielt in ihrem Leben eine viel größere Rolle als in unserem. Es gibt bei ihnen nicht so etwas wie eine Sonntags- oder Feiertagsreligiosität. Religion durchdringt vielmehr das alltägliche Leben in einem für uns ungeahnten Maße. Nicht, dass sie dauernd von Religion sprechen! Ganz und gar nicht! In ihren Stammessprachen haben sie oftmals nicht einmal ein Wort für Religion. Dafür ist bei ihnen dann *alles* Religion. Unsere dualistische Scheidung in diesseitige und jenseitige Belange kennen sie nicht. Auch die alltäglichste Verrichtung ist religiös relevant. Die bei uns weitgehend voneinander getrennten Stränge des Immanenten und des Transzendenten, des Weltlichen und des Heiligen sind noch in ganzheitlicher Weise miteinander verwoben. Religion ist für sie kein Bekenntnis, sondern eine Lebensform. (Dieses gilt heute natürlich nur dort, wo der traditionelle »way of life« noch nicht dem Ansturm unserer Kultur erlegen ist.)

»WIR INDIANER TÖTEN NIEMALS EIN TIER ZUM SPASS«

Auf allen Indianerreservationen gehen die Kinder inzwischen zur Schule. Die Lehrer(-innen) an den Grundschulen sind in der Regel überwiegend Indianer, die Lehrer(-innen) an den weiterführenden High Schools sind in der Regel überwiegend Weiße. Die tradierte indianische Kultur spielt in solchen weiterführenden Schulen (selbst auf Reservationen!) häufig kaum eine

Rolle. Das erfuhr ich, als ich die Laguna-Acoma-Highschool besuchte und mich mit einer Klasse über indianische Traditionen unterhielt: Mit dem Begriff Seattle verbanden diese indianischen Jugendlichen nur den Namen einer amerikanischen Großstadt, nicht aber den Namen eines (bei uns inzwischen sehr bekannten) indianischen Häuptlings!
Anders verlief an diesem Tag mein Gespräch mit einem Indianer, der für die Beziehung zwischen Schule und Elternhaus zuständig war. Nach indianischer Sitte trug er langes Haar, das er zu einem Zopf gebunden und mit einem gewebten Band umwickelt hatte. Wir sprachen über Religion, Sozialbeziehungen und Naturverhalten von Indianern. Beim Gespräch über Religion war er sehr zurückhaltend, denn es gibt die Auffassung, dass man religiöse Überzeugungen nicht mit anderen Menschen diskutiert.
Dagegen wurde er sehr deutlich, als wir über das Verhältnis von Indianern zur Natur sprachen. Für ihn war es überhaupt keine Frage, dass Indianer ein anderes – und nach seiner Überzeugung natürlich ein besseres – Verhältnis zur Natur haben als Weiße. Er beschrieb die geradezu religiösen Vorbereitungen, denen er

selbst sich unterzieht, bevor er z.B. auf die Jagd geht: Er versuche dann, mit dem Tier, das er jagen wolle, spirituellen Kontakt herzustellen und so das Tier zu bewegen, sich von ihm jagen zu lassen. (Die Überzeugung von der spirituellen Natur aller Dinge – also auch der Tiere und Pflanzen – ist Indianern, wie auch anderen Naturvölkern, gemein.) Er äußerte die Überzeugung, dass ein Indianer die Sprache von Tieren viel besser verstehen könne als ein Weißer.

Als ich ihn fragte, wie es sich damit vertrage, dass Indianer mit Tieren mitunter brutal umgingen, wies er zum einen auf den religiösen Charakter mancher Tötungsweisen hin. Zum anderen versuchte er ganz allgemein, das Verhalten von Weißen und Indianern zum Töten von Tieren zu charakterisieren indem er zugespitzt formulierte: »We Indians never kill an animal for sport.« = »Wir Indianer töten ein Tier niemals aus Spaß, aus Übermut, in Gedankenlosigkeit.« Für ihn sei eine spirituelle Beziehung zum Tier Grundlage jeder Jagd. – Dabei wies er zugleich auf das Abschlachten riesiger Bisonherden auf den nordamerikanischen Prärien durch weiße »Pioniere« im vorigen Jahrhundert hin.

»AN-SCHEIN«

So wie der Baum nicht endet
an der Spitze seiner Wurzeln
oder seiner Zweige –
so wie der Vogel nicht endet
an seinen Federn und seinem Flug –
so wie die Erde nicht endet
an ihrem höchsten Berg:

So ende auch ich nicht
an meinem Arm
meinem Fuß
meiner Haut
sondern greife unentwegt nach außen
hinein in allen Raum und alle Zeit
mit meiner Stimme und meinen Gedanken
denn meine Seele ist das Universum

(Norman H. Russel, Teil-Cherokee, geb. 1921)

INDIANISCHE RELIGION

Wir haben eine Religion, die unseren Vorfahren gegeben wurde und die uns, ihren Kindern, überliefert worden ist. Entsprechend dieser Religion verehren wir den Großen Geist. Sie lehrt uns, für alle Gaben und Gnaden dankbar zu sein, einander zu lieben und eines Sinnes zu sein. Wir streiten niemals über Religion.

Bruder! Der Große Geist hat uns alle erschaffen. Aber er hat seine weißen und seine roten Kinder sehr unterschiedlich gemacht. Er hat uns eine andere Gesichtsfarbe und andere Sitten gegeben. Euch hat er die Künste und Wissenschaften gegeben, für die er unsere Augen nicht geöffnet hat. Wir wissen, dass diese Dinge wahr sind. Da er uns so sehr unterschiedlich in anderen Dingen gemacht hat, dürfen wir da nicht schließen, dass er uns auch eine andere Religion gegeben hat, entsprechend unserem Verständnis? Der Große Geist tut recht. Er weiß, was am besten ist für seine Kinder. Wir sind zufrieden. Bruder! Wir wollen deine Religion nicht zerstören und sie auch nicht von dir nehmen. Alles, was wir wollen, ist, nach unserer eigenen Religion zu leben.

Bruder, vielleicht ist eure Religion für euch die richtige; vielleicht ist sie an eure Lebensform besonders angepasst. Ihr sagt, dass ihr den Sohn des Großen Geistes getötet habt. Vielleicht ist dieses die Ursache all eurer Probleme und all eures Unglücks. Doch, Bruder, vergesst nicht, dass wir an diesem Mord keinen Anteil hatten. Wir distanzieren uns davon, denn wir lieben den Großen Geist. Und da wir niemals etwas so Unrechtes, so Unbarmherziges und Frevelhaftes getan haben, ist uns der Große Geist weiterhin gewogen, gibt uns Frieden, Freude und Überfluss....

(Chief Red Jacket)

SCHÖNHEIT, ORDNUNG UND HARMONIE

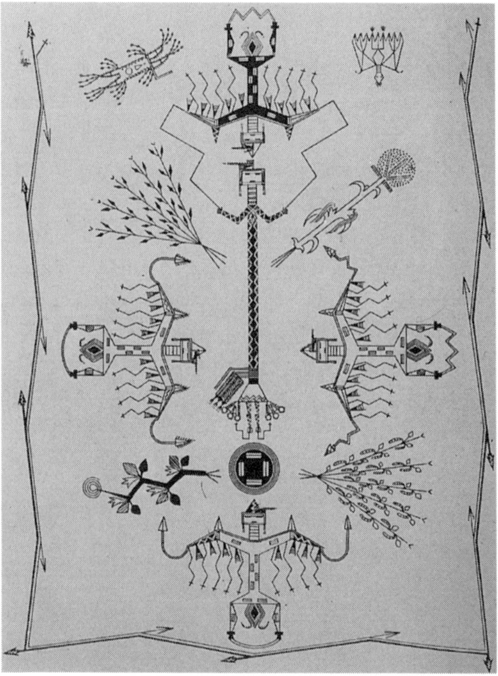

Mit Schönheit Ordnung und Harmonie vor mir
gehe ich einher
Mit Schönheit Ordnung und Harmonie hinter mir
gehe ich einher
Mit Schönheit Ordnung und Harmonie über mir
gehe ich einher
Mit Schönheit Ordnung und Harmonie unter mir
gehe ich einher

Von Osten
sind Schönheit Ordnung und Harmonie
wiederhergestellt worden

Von Süden
sind Schönheit Ordnung und Harmonie
wiederhergestellt worden
Von Westen
sind Schönheit Ordnung und Harmonie
wiederhergestellt worden

Vom Norden
sind Schönheit Ordnung und Harmonie
wiederhergestellt worden

Von der Himmelshöhe
sind Schönheit Ordnung und Harmonie
wiederhergestellt worden

Von allen Seiten
sind Schönheit Ordnung und Harmonie
wiederhergestellt worden

(Navajo-Gebet)

DIE WELT IN EINEM ANDEREN ZUSAMMENHANG SEHEN

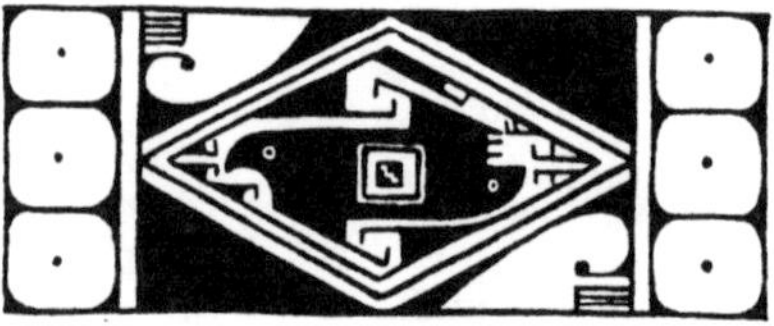

Wir haben nicht die Vorstellung eines linearen Verlaufs der Zeit. Wir verstehen uns nicht als Beherrscher oder Ausbeuter anderer Lebewesen; unsere Kultur hat nie der materiellen Entwicklung oder dem materiellen Genuss viel Zeit gewidmet; sondern wir haben uns immer als Teil der Schöpfung verstanden. Unser Anliegen ist es, nach Frieden, Harmonie und dem Leben im Gleichgewicht mit allen Lebewesen dieser Erde zu streben. Wir definieren in unseren Sprachen die Welt als ein ganze Familie, und unsere Beziehung zum Universum ist verwandtschaftlicher Art... Unsere Kultur hat uns gelehrt, dass alle Dinge heilig sind, und dass jedes eine Bestimmung hat, die nicht verletzt werden darf.

(Auszüge aus einem Brief, welcher einer UNO-Unterkommission im Juli 1976 von Vertretern des Irokesenbundes überreicht wurde.)

JEDER ORT IST HEILIG...

...und heiliger Ort ist unerschöpflich.

(Alfonso Ortiz, Pueblo)

DAS RAUCHEN DER PFEIFE

Der Medizinmann Rolling Thunder versuchte durch Worte und Gesten eine starke Atmosphäre des Vertrauens und der Zusammenarbeit zu schaffen. Dazu gehörte auch das ruhige Rauchen der Pfeife und das tiefe Inhalieren des Rauches. Viermal zog er an seiner Pfeife, wandte sich dann beim Ausatmen des Rauches nach Osten, danach nach Norden, dann nach Süden und schließlich nach Westen und sprach:

Für den Osten, wo die Sonne aufgeht.
Für den Norden, woher die Kälte kommt.
Für den Süden, woher das Licht kommt.
Für den Westen, wo die Sonne untergeht.
Für Vater Sonne.
Für Mutter Erde.

Nach diesem Gebet reichte Rolling Thunder seine Pfeife den Anwesenden. Auch sie zogen

viermal an der Pfeife und inhalierten den Rauch.
Heute noch erkennt eine große Anzahl indianischer Völker in Nordamerika die Pfeife als ein spirituelles Symbol ihrer geistigen Tradition an. Die Pfeife ist so etwas wie ein Band, das verschiedenartige Kulturen und Religionen von Indianern zusammenbindet. Wenn eine Zeremonialpfeife benutzt wird, wissen die Menschen, dass etwas Besonderes und Heiliges vor sich geht. Oft wird dann die Pfeife den vier Himmelsrichtungen angeboten, um die Mächte des Universums anzusprechen. Das hölzerne Rohr repräsentiert alle Pflanzen; an der Pfeife angebrachte Tierzeichen repräsentieren alle Tiere; und die angebundenen Federn sind ein Zeichen für alle Wesen, die fliegen können. Die Teilchen des Tabaks stehen für die vielfachen Kreaturen dieser Erde; der aufsteigende Rauch – dieses ist der wichtigste Aspekt der indianischen »Friedenspfeife« – verbindet sich mit dem Wind und dem Sonnenlicht und weist auf die geistige Natur aller Wirklichkeit hin. So werden aller Raum und alle Schöpfung durch das Ritual der Pfeife miteinander in Verbindung gebracht.

GEBURT DER MORGENDÄMMERUNG

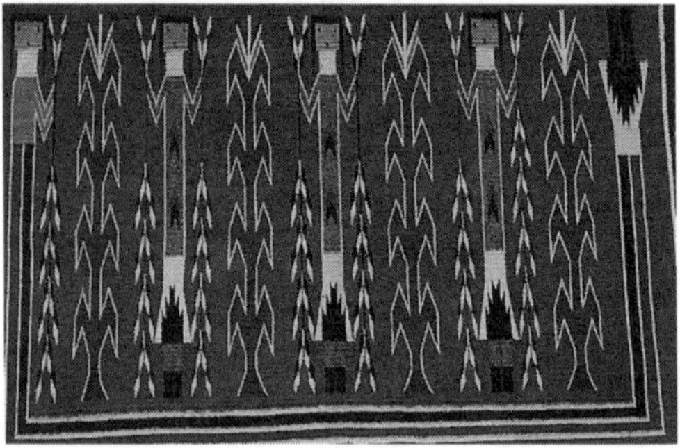

Unsere Mutter Erde
sende uns deinen Lebensatem.
Die ganze Nacht hast du geschlafen.
Jetzt erwachst du im Osten.
Sieh dort die Morgendämmerung.

Unsere Mutter Erde
atme und erwache.
Die Blätter rühren sich,
alle Dinge bewegen sich,
der neue Tag kommt,
das Leben erneuert sich.

Adler,
der in der Höhe kreist.
Sieh den Morgen,
sieh den neuen, geheimnisvollen Morgen,
etwas Wundersames und Heiliges,
obwohl es jeden Tag geschieht.
Morgendämmerung –
du Kind Gottes und der Dunkelheit.

(Pawnee-Indianer, aus der Hako-Zeremonie)

ANRUFUNG DER MÄCHTE

Gedenke, gedenke
der Kreise des Himmels,
der Sterne und des braunen Adlers
der vom Geist erfüllten Winde
Tag und Nacht atmend
aus den vier Himmelsrichtungen.

Gedenke, gedenke
des gewaltigen Lebens der Sonne
auf die Erde atmend,
auf der Erde liegend,
um Leben hervorzubringen auf der Erde,
Leben, das die Erde bedeckt.

Gedenke, gedenke
der Heiligkeit aller Dinge,
fließender Flüsse
und der Wohnungen
der Jungen im Nest,
ein Herd für heiliges Feuer,
die heilige Flamme des Feuers.

(Pawnee-Indianer, aus der Hako-Zeremonie)

VERBINDUNG MIT DEM HIMMEL

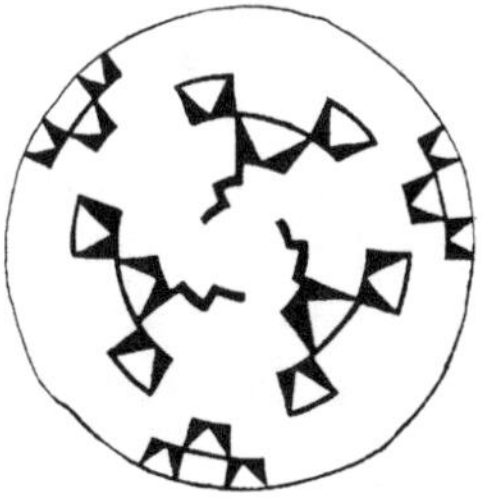

So wandten sich die Pawnee-Indianer in einer ihrer Zeremonien an die spirituellen Mächte. So brachten sie ihre Verbindung mit dem Himmel und seinen Gesetzen zum Ausdruck. Sie und die meisten anderen Indianer verbanden ihr Leben, ja ihre ganze Existenz mit dem Himmel und der Erde. Alltägliche indianische Sitten spiegeln Zeit- und Raumvorstellungen wider, die sie aus der Beobachtung der Himmelskörper gewonnen hatten. –

Der Himmel dreht sich, und indem er sich dreht, gibt er unserem Leben sein Maß. In Harmonie mit der Welt und ihren Zyklen zu leben, ist das Ziel traditioneller Indianer. Ihre Lebensmuster gewinnen sie von einer tief empfundenen Aufmerksamkeit gegenüber den Rhythmen des Himmels und der Erde... Ob als Architekt, Weber, Jäger, Töpfer oder Geschichtenerzähler: Traditionell eingestellte indianische Männer und Frauen weben ihre Empfindungen und Vorstellung von den Gesetzen des Himmels in ihr Leben ein, um auf diese Art unmittelbar an der Seinsweise des Universums teilzuhaben.

(Ray A. Williamson)

»WIR STREITEN NICHT ÜBER RELIGION«

An der Universität in Tucson suche ich den Dozenten E.S. zu einem längeren Gespräch auf. E.S. ist reinblütiger Hopi-Indianer; das erklärt seine dunkle Hautfarbe und seine untersetzte Statur. Er ist auf der Hopi-Reservation (etwa 500 km nördlich von Tucson) aufgewachsen, ist nun aber einer der wenigen indianischen Universitätslehrer in Tucson.

E.S. erzählt mir von seinen engen Bindungen an seine Familie und die Reservation. Jedes Jahr fahre er mehrere Male nach Hause, um dort während der religiösen Zeremonien anwesend zu sein. Gelegentlich nehme er auch als Tänzer an einem hochzeremoniellen Maskentanz als Kachina aktiv teil. (Kachinas heißen die wohlwollenden Geistwesen der Hopi- und Pueblo-

Indianer; sie schicken den immer benötigten und immer erflehten Regen, und tun auch sonst viele hilfreiche Dinge für die Menschen auf der Erde. Man kann sie in etwa mit den Heiligen und Engeln in christlichen Vorstellungen vergleichen.) Doch gläubige Hopi sind überzeugt, dass diese Geistwesen jedes Jahr von der Zeit der Wintersonnenwende bis zur Reifung des Korns im Sommer bei ihnen in den Dörfern leben; und zu ihren Ehren veranstalten sie Maskentänze, bei denen alle Tänzer Kachinas repräsentieren.

E.S. erklärt mir, dass für ihn als Maskentänzer diese Tänze eigentlich dramatisierte Gebete sind; und dass nach dem Glauben der Hopi die Verwandlung eines Tänzers in eine Kachina nicht nur symbolisch zu verstehen sei, sondern dass es sich um eine Real-Verwandlung handle. Voraussetzung sei, dass der Tänzer seinen Tanz mit gutem Herzen für alle Menschen und für die ganze Schöpfung durchführe.

E.S. hat aber auch seine Erfahrungen mit der christlichen Missionierung. Auf meine Frage, wie sich traditioneller indianischer Glaube und christliche Überzeugungen miteinander vereinbaren ließen, zeichnet er in sichtlicher Erregung auf eine Tafel mehrere vertikale Striche, die oben zu einem gemeinsamen Ziel zusammenlaufen. Er erklärt laut und deutlich, das Ziel aller Menschen sei das gleiche; doch die Wege zu diesem Ziel seien natürlich unterschiedlich – je nach

Kultur, Lebensumständen, regionalen Bedingungen und geschichtlicher Entwicklung. Diese unterschiedlichen Bedingungen zeigten sich in den unterschiedlichen Wegen – eben den unterschiedlichen Religionen – zum gleichen Ziel. Es sei also geradezu selbstverständlich, dass es verschiedene Religionen auf der Welt gebe und es gebe nach seiner Überzeugung überhaupt keinen Anlass für diese Religionen, sich gegenseitig die Wahrheit streitig zu machen. Er fügte hinzu: »We Indians don't fight about religion – we live it« (»Wir Indianer streiten nicht über Religion – wir leben sie«).

LIED DER BERGE

Lied eines Mannes und einer Frau, die ein Liebespaar hätten sein können

Dies ist das Lied der Hügel
in der Stunde,
wenn sie miteinander sprechen;
wenn das Glühen im Westen erlöscht
und die Himmel sanft leuchten;
in dieser reinen Stunde, ohne Schatten,
wenn die Berge miteinander sprechen:

»Fichte lehnt sich zu Fichte;
die windgezausten Weiden verschmelzen miteinander;
Wolken ziehen zueinander,
lösen sich voneinander
trennen sich
und kommen erneut zusammen.«
Doch die festen Hügel bleiben getrennt.

Wären wir geringer gewesen,
weniger fest gegründet,
so hätten wir einander geliebt.
Wir hätten uns einander zugeneigt,
wären zärtlich miteinander gewesen.

Aber unsere Hände sind an die Erde gebunden,
helfen ihr bei der Geburt der Ernten,
unterstützen die regengetränkten Felder
und die langen, braunen,
fruchttragenden Furchen.

Schrecken breitet sich aus auf der Erde,
wenn die Berge sich aufeinanderzu bewegen.

»Doch immer, wenn in den Frühlingswinden
die Gräser der Wiesen einander liebkosen –
und wenn im Eichenhain
der Ruf der gurrenden Taube
nach dem gurrenden Tauben-Gefährten
ertönt:

Dann werden wir erbeben
mit der in Brut-Wonnen liegenden Erde.«

Wir werden uns einander zuwenden,
unsere Hände werden einander berühren
und wir werden daran denken:
»Wären wir geringer gewesen,
weniger fest gegründet,
wie sehr hätten wir einander geliebt.
wie sanft und zärtlich
wären wir zueinander gewesen.«

(Lied der Yokut-Indianer)

»DIES IST MEIN LAND«

Ich war mit meinem Mietwagen unterwegs von der Stadt Gallup zur Navajo-Reservation. Ein junger Navajo stand am Straßenrand und winkte, um als Anhalter mitgenommen zu werden.

In der Enge des Autos merkte ich schnell, dass er etwas angetrunken war. Er bat mich, ihn zu seinem Haus zu fahren. Auf dem Wege dorthin durchquerten wir weite unfruchtbare und sandige Regionen dieser Halbwüste Nordarizonas. Als wir uns seinem Haus näherten, wies er mit einer ausladenden Bewegung seines Armes auf das anscheinend so wenig nutzbare Land hin und wiederholte immer wieder: »Dieses ist alles mein Land.« Ich fragte ihn, ob ihm das Land auch etwas einbringe; ob er es landwirtschaftlich nutzen könne; ob die Mieter der Häuser, die auf dem Land standen, ihm Pacht bezahlten. Er verneinte alle meine Fragen – und wiederholte dann mit wachsendem Stolz: Aber es ist alles mein Land.

Da wurde mir klar, dass meine Fragen an seiner indianischen Sicht des Landes vorbeigingen. Er maß sein Land nicht in Geld, nicht an seinem materiellen Wert. Das Land bedeutete ihm etwas anderes als regelmäßiges Einkommen. Es war so etwas wie eine Garantie, eine existentielle Sicherheit für sein Sein hier auf der Erde. Dieses Land hatte für ihn kaum eine quantitative, wohl aber eine qualitative, auch eine spirituelle und sogar eine religiöse Dimension.

Wüste oder nicht: Es war das Land seiner Vorfahren, und es war die Mutter Erde.
Außerdem wurde mir klar, dass Land, Raum und Ort für einen solchen Menschen viel wichtiger sind als Zeit. Wie der Mond und die Jahreszeiten verläuft die Zeit zyklisch. Es kehrt alles wieder. – Das Land aber ist ewig. Während wir unsere Identität vor allem aus dem einmaligen Platz auf einer Zeitgeraden gewinnen (und damit vor allem zeitorientiert sind), gewinnen Indianer ihre Identität viel stärker aus ihrem einmaligen Ort im Raum. Daraus wiederum wird klar, dass den Indianern durch den über Jahrhunderte fortdauernden Verlust ihres Landes mehr verlorenging als die Basis ihres Lebensunterhaltes. Verlust des Landes bedeutete Identitätsverlust. Die Verlorenheit und Not von Indianern heute in der von uns geschaffenen Welt der Weißen lässt die Größe und existentielle Dimension dieses Verlustes ahnen.

NIMM DIR ZEIT

Nimm dir Zeit, den Himmel zu betrachten.
Sieh die Formen und Gestalten in den Wolken.
Höre das leise Rauschen des Windes
– und berühre das kühle Wasser.
Setze deinen Fuß sacht.

Wir sind die Eindringlinge –
eine kurze Zeit geduldet
in einem unendlichen Universum.

(Inschrift am sog. Montezuma Well in Arizona)

FÜR UNS IST LEBEN...

...ist alles Leben
– heilig –

(Lame Deer)

BRÜDERLICHKEIT DES LEBENS

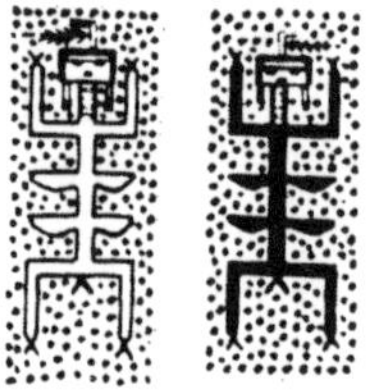

Der Indianer findet eine reiche Erde vor, in der alle Dinge, denen er begegnet, eine bestimmte Rolle ausfüllen. Die Aufgabe der Stammesreligion, wenn man von solch einer Religion sagen kann, dass sie eine Aufgabe hat, ist es, die richtige Beziehung zu bestimmen, welche die Menschen des Stammes mit anderen Lebewesen haben müssen...

Stammesreligionen finden eine große Verwandtschaft unter den Arten der lebenden Kreaturen, und es ist an dieser Stelle, dass die Brüderlichkeit des Lebens eine große Rolle spielt in der indianischen Existenz... die Entfremdung zwischen den verschiedenen Formen des Lebens, welche die Christen in die Geschichte der Genesis hineinlesen... findet sich nicht in Stammesreligionen....

Wenn alle lebenden Wesen Anteil an einem Schöpfer und einer Schöpfung haben, ist es dann nicht logisch anzunehmen, dass sie alle die Fähigkeit haben, zu jedem Teil der Schöpfung in Beziehung zu treten? Wie der abendländische Mensch an die Evolution glauben kann und dabei nicht die logischen Konsequenzen dieser Lehre im religiösen Leben der Menschen sieht, ist unbegreiflich für viele Indianer.

(Vine Deloria, Sioux)

ICH BIN GEBORGEN

Es geht nicht darum, dass Gott dort drüben ist. Es geht darum, dass er um mich herum ist, in mir, in dir, in dem Gras, in diesem Buch. Es geht darum, dass er überall ist. Ich fühle es um mich herum. Ich bin geborgen. Danke.

(Nora Naranjo-Morse, Pueblo)

MUTTER ERDE

Natürlich ist Mutter Erde lebendig. Sie hat doch dich und mich hervorgebracht. Sie hat ihre Sprache im Singen der Vögel, in der Unterhaltung der Tiere, im Wind, in Blitz und Donner.

Erdbeben und Überschwemmungen sind Wachstumsbewegungen der lebendigen Erde. Außerdem sind sie Reaktionen der durch die Menschen beleidigten Mutter. Die eigene Mutter ist auch nicht nur lieb, wenn man sie schlägt.

(Ein Indianer aus dem Pueblo Cochiti)

WEDER UNIVERSALITÄT NOCH AUSSCHLIESSLICHKEIT

Im Unterschied zum Christentum und zu den anderen monotheistischen und geschichts-orientierten Religionen beanspruchen indianische Stammesreligionen in aller Regel weder Universalität noch Ausschließlichkeit. Ihren Mitgliedern ist es normalerweise gleichgültig, ob andere Menschen ihre Mythen und ihre Glaubensüberzeugungen anerkennen. In Übereinstimmung damit gibt es in diesen Religionen auch keinen Missionsauftrag, und deshalb sind auch Religionskriege im vorkolumbianischen Amerika praktisch undenkbar.

Im Gegenteil: Kennzeichen dieser Religionen ist es, eine integrierende Relation zwischen Einzelmenschen, dem Land und der Gemeinschaft herzustellen. Damit sind die Grundbeziehungen des Menschen zur natürlichen Welt, zu anderen Menschen und zum Göttlichen in diesen Glaubensüberzeugungen integrierend und einschließend, nicht trennend und ausschließend, eingefangen. Zugleich ergibt es sich aus dieser Grundhaltung, dass Menschen, die in anderen sozialen und räumlichen Zusammenhängen leben, natürlicherweise auch andere Mythen und andere Glaubensüberzeugungen haben.

(Vine Deloria)

DIE GRUNDLAGE EINER KULTUR

Derjenige, der weiß, dass die Grundlage wahrscheinlich einer jeden Kultur – jedenfalls aber der Kulturen von Naturvölkern – im Religiösen liegt, und dass religiöse Mythen die Koordinaten für eine Kultur bilden, muss sich auch bewusst sein, dass durch das Herausbrechen der religiösen Koordinaten – also durch das Verwerfen religiöser Überzeugungen und das Verbot religiöser Handlungen – jeweils einer ganzen Kultur die Basis entzogen wird; und dass die Menschen einer solchen Kultur zu einer kulturellen Orientierungslosigkeit verurteilt, oft genug aber in ihrer kulturellen Identität und in ihrer physischen Existenz vernichtet werden.

10

EINE WELT DES SEGENS

EINE BEGEGNUNG: MAN NIMMT NICHT, OHNE ZU GEBEN

Ende der 80er Jahre war ich mit einem amerikanischen Ethnologen bei einer Hopi-Familie im Zentraldorf Shungopovi auf Second Mesa zum Essen eingeladen. Die Frau des Hauses, ein paar fast erwachsene Söhne und Töchter und wir Besucher hatten uns in dem überfüllten Hauptraum des Hauses hingesetzt und begannen, uns Maiskolben und Hammelgulasch auf die Teller zu füllen – als die Frau und Mutter plötzlich aufsprang, als ob sie etwas Wichtiges vergessen hätte. Von einem Teller nahm sie gemahlenes Maismehl in ihre Hand und ging vor die Tür. Dort streute sie dieses Mehl hoch in den Wind und hinunter auf die Erde. Danach sprach sie einige Worte und verharrte ein paar Augenblicke in stiller Besinnung. Dann kam sie wieder herein, die gespannte Aufmerksamkeit

im Raum löste sich, und wir begannen alle mit dem Essen.
Niemand sprach über das kurze Geschehen. Wir wussten aber, was es bedeutete – und dieses wurde uns in späteren Gesprächen auch bestätigt:
Man nimmt nicht, ohne etwas zurückzugeben. Unser Essen war von der Erde genommen. Also gibt man ihr etwas zurück. Sonst wird der für Indianer zentrale Gedanke der Balance verletzt. Die Erde ist ein lebender Organismus, eine beseelte, spirituelle Wesenheit, die als Mutter Erde uns alle ernährt. Deshalb gebührt ihr Dankbarkeit und Respekt. Man gibt ihr etwas von ihren Gaben zurück. Man spricht zu ihr, betet zu ihr, lädt sie zur Teilnahme am Essen ein. – Die Frau des Hauses hatte für uns alle das Tischgebet »vollzogen«.

»MAY IT BE BEAUTIFUL«

In den Gesängen und Gebeten zahlreicher Zeremonien der Navajo-Indianer taucht immer wieder das Wort »hózhó« auf. Dieser Zentralbegriff der Weltanschauung der Navajo-Indianer besagt etwa soviel wie Ordnung, Schönheit, Harmonie, Gesundheit, Segen, Balance. Das Wort bezeichnet alles Positive und Erstrebenswerte im Kosmos; sein Inhalt ist damit auch das Ziel einer jeden Zeremonie. Im Englischen wird es in der Regel durch den Begriff »beauty« wiedergegeben. Im Deutschen können wir von Schönheit, Ordnung oder Harmonie sprechen. Wichtig ist, dass wir uns der Unvollständigkeit und des Ungenügens einer solchen Übersetzung bewusst bleiben.

Das Ende der verschiedenen Gebete und Gesänge (also gewissermaßen das »Amen«) einer Navajo-Zeremonie wird immer wieder durch folgende Wendungen und Formulierungen gestaltet:

May it be beautiful before me
May it be beautiful behind me
May it be beautiful above me
May it be beautiful below me
May it be beautiful all around me
In beauty it is finished

Eine deutsche Übersetzung, die das Wort »hózhó« durch das deutsche Wort »Segen« wiedergibt, könnte dann so lauten:

Möge Segen sein vor mir
Möge Segen sein hinter mir
Möge Segen sein über mir
Möge Segen sein unter mir
Möge Segen sein um mich herum
In Segen ist es beendet

Diese Abschlussworte geben einem Navajo-Gebet sowie jedem Gesang und jeder Zeremonie einen besonderen Charakter:
Die Welt und der Kosmos werden in jedes Gebet und in jede Zeremonie einbezogen.
Die kosmische Schönheit und Harmonie, ihr Charakter des Segens, wird als das höchste Ziel des Denkens, Betens und Singens empfunden.

Der Mensch ist in diese kosmische Harmonie und diese Struktur eines kosmischen Segens nach allen Seiten hin eingebunden. Er ist Teil des großen Ganzen, nicht sein Gegen-Teil.

EINE WELT DES SEGENS

Durch das, was ich spreche,
wird Segen heute kommen.
Durch das, was ich spreche,
wird Segen heute auf Erden kommen.

Von überall her
wird Segen für mich kommen.
Von dem Inneren des Hauses dort oben
wird Segen für mich kommen.
Von dem herniederströmenden Regen
wird Segen für mich kommen.
Von dort, wo der Blitz zuckt,
wird Segen für mich kommen.

Von den höchsten Bergspitzen,
die von der Morgensonne zuerst getroffen werden,
wird Segen für mich kommen.
Von dort, wo die Morgendämmerung sich erhebt im Osten,
wird Segen für mich kommen.
Von dort, wo das Blau des Horizonts sich erhebt im Süden,
wird Segen für mich kommen.
Von dort, wo die Abenddämmerung sich erhebt im Westen,
wird Segen für mich kommen.
Von dort, wo die Dunkelheit emporsteigt im Norden,
wird Segen für mich kommen.
Von überall her
wird Segen für mich kommen.

So bin ich langes Leben und Glück
Kein Ungemach wird mich treffen.

Dies sind meine Worte.

(Navajo)

SEGEN...

... geht aus von Dingen,
die am richtigen Ort sind,
wie es bei der Schöpfung bestimmt wurde.

Segen
ist gleichbedeutend mit richtiger Ordnung.
Es gibt einen Ort für jedes Seiende,
und dieser Ort ist gesegnet,
weil er so in heiliger Vorzeit
festgelegt wurde.

(Sam D. Gill über eine Navajozeremonie)

DER WEG ÜBER DEN HÜGEL

Wenn Menschen sterben, müssen sie über einen Hügel gehen. Dort verläuft eine Grenze zwischen den Menschen, die noch in dieser Welt leben, und denjenigen, die vor ihnen gelebt haben. Diese Grenze verläuft genau auf dem Kamm des Hügels. Früher, als das Land noch offen war und die Prärien sich dahinzogen, soweit man sehen konnte, da gab es nur eine Linie aus Steinen auf dem Kamm. Heute, in einer Zeit, in der alles eingezäunt wird, besteht diese Grenzlinie aus Stacheldraht.

Wenn jemand sehr krank ist, beginnt er schon, den Hügel hinaufzuklettern. Der Aufstieg ist schwierig, insbesondere dann, wenn seine Verwandten und Freunde da sind und ihn zurückrufen. Aber wenn er sehr krank ist und sehr leidet, geht er mühsam weiter und bemüht sich, trotz der Rufe den Berg zu erklimmen. Wenn er die Spitze des Hügels erreicht hat, kann er auf die andere Seite hinüberblicken. Hier fällt der

Berg sanft ab, es ist einfach zu gehen, und das Gras wächst den ganzen Hang hinab sehr üppig. Am Fuße des Hügels gibt es einen Fluss und auf der anderen Seite des Flusses ein großes indianisches Lager. Dort spielen Kinder, sie planschen und schwimmen im Fluss und reiten auf Pferden.

Sobald sie den kranken Menschen sehen, rufen sie ihn und bitten ihn, zu ihnen zu kommen: »Komm herunter, Bruder – Onkel – Vater –« oder wer auch immer er ist. Aber wenn ihn die Menschen auf der anderen Seite, der Seite des Lebens, genug lieben, um ihn zu halten, dann wird er noch bei ihnen bleiben. Er kennt dann die Menschen in dem Lager und wird sie alle lieben, aber die Lebenden können ihn durch inständiges Bitten halten.

Dieses kann mehr als einmal in einem Menschenleben geschehen. Ein Mann, der kämpfend, und eine Frau, die in den Wehen stirbt, erleben das Gleiche. Egal, ob jemand gut oder schlecht gewesen ist, es gibt keinen Unterschied im Leben danach; alle teilen sich nach dem Tode die gleiche Welt. Es ist die Art der Arapaho-Indianer, keinen Menschen zu verurteilen.

(Arapaho)

HÓZHÓ

Wo ich auch immer gehe
Schönheit Ordnung und Harmonie (= hózhó)
erstrahlen vor mir
So weit ich nach vorn schauen kann
breitet die Erde
ihre Schönheit Ordnung und Harmonie aus

Wo ich auch immer gehe
Schönheit Ordnung und Harmonie
erstrahlen hinter mir
So weit ich nach hinten schauen kann
breitet die Erde
ihre Schönheit Ordnung und Harmonie aus

Wo ich auch immer gehe
Schönheit Ordnung und Harmonie
erstrahlen unter mir
So weit ich nach unten schauen kann
breitet die Erde
ihre Schönheit Ordnung und Harmonie aus

Wo ich auch immer gehe
Schönheit Ordnung und Harmonie
erstrahlen über mir
So weit ich nach oben schauen kann
breitet die Erde
ihre Schönheit Ordnung und Harmonie aus

Wo ich auch immer gehe
Schönheit Ordnung und Harmonie
erstrahlen um mich herum

So weit ich mich umschaue
breitet die Erde
ihre Schönheit Ordnung und Harmonie aus

(Lied aus der Heilungszeremonie »Blessing Way« der Navajo)

ICH SEGNE DICH IN DIESEN GEDANKEN

Versuch eines Abendländers, den Kern und den wesentlichen Gehalt des Navajo-Begriffes »hózhó« in seine Kultur und seine Sprache zu übertragen:

Friede der Seele
Freude und Gelassenheit des Herzens
Heiterkeit und Klarheit des Geistes
Kraft des Mutes, der Phantasie und der Zuversicht
Gesundheit des Leibes
Wohlfahrt des Lebens
ein guter Tod
und ewiger Friede.

WENN DIE MORGENDÄMMERUNG KOMMT, SUCHE ICH DICH

Zu Anfang dieses Jahrhunderts lebte ein Omaha-Indianer, ein großer und stattlicher Mann, begabt mit einer schönen Stimme und einem guten Gedächtnis. Bei den Männern und Frauen seines Stammes war er sehr geachtet. Obwohl freundlich zu jedermann, war er doch reserviert; und niemand wusste, was sich alles in seinem Leben ereignet hatte, oder womit seine Gedanken sich beschäftigten...

Jahre vergingen. Hier und dort glänzte ein Silberfaden in seinem schwarzen Haar, die Linien in seinem schönen Gesicht wurden tiefer, und seine Gedanken schienen immer mehr in der Vergangenheit zu weilen. Eines Tages hörte man ihn ein Liebeslied singen, das er selbst

verfasst hatte, und Klatschmäuler fragten einander geschwätzig, was dieses Lied wohl zu bedeuten habe.
Sein Tun warf kein Licht auf das Geheimnis. Er blieb der liebevolle Ehemann und Vater, der treusorgende Ernährer – und er suchte keine neue Gefährtin.
Dennoch, in jeder Morgendämmerung stieg er auf den Hügel nahe seinem Haus; und während der Morgenstern wie ein Juwel im Osten hing, sang er seine Melodie:

Wenn die Morgendämmerung kommt,
suche ich dich.

Die jungen Männer nahmen die Melodie auf und sangen sie, wenn sie zu ihren Mädchen gingen. Und der alte Mann lächelte, als er das hörte, und sagte: »Ja, sie haben recht, es ist ein Liebeslied.«
Er wurde sehr alt, ein alter Mann mit einem Liebeslied. Bis er schließlich nur noch an warmen Tagen zur Zeit der Morgendämmerung den Hügel langsam hinaufsteigen konnte. Und allein mit dem Wind und den Vögeln, begrüßte er den neuen Tag mit seinem Lied, welches sein

Geheimnis zugleich bewahrte und offenbarte – das Geheimnis einer Liebe, die wie ein strahlender Bogen den ganzen Horizont seines Lebens umspannte.
Schließlich kam die Zeit, da seine Stimme nicht mehr zu hören war.
Doch die zarten Bewegungen seines Liedes, reich an menschlicher Hoffnung und menschlicher Empfindung, leben fort...

(Alice C. Fletcher)

MEIN HAUS

Möge es wunderbar sein
von meinem Kopf bis zu meinen Füßen
möge es wunderbar sein
über mir dort wo ich liege
überall um mich herum
möge es wunderbar sein

Da ich um mein Haus herumgehe
möge es wunderbar sein
diese Bahn des Lichtes
meiner Mutter Ahnherr
möge sie wunderbar sein

Möge es wunderbar sein
mein Feuer
möge es wunderbar sein für meine Kinder
möge alles gut sein

Möge es wunderbar sein
mit meiner Nahrung und mit ihrer

Möge alle meine Habe gesegnet sein
und möge sie wachsen

Alle meine Herden
mögen sie wachsen

(Navajo Haus-Segensspruch)

EINZUG EINES JUNGEN PAARES IN EIN NEUES HEIM – BEI DEN CROW-INDIANERN

Wenn Indianer heiraten und in ihr erstes Heim einziehen, dann sind sie doch nicht die ersten, die dort hineingehen. Sie bitten männliche Clan-Mitglieder, vor ihnen hineinzugehen und Wünsche für sie auszusprechen. Ein öffentlicher Ausrufer geht mit den männlichen Clan-Mitgliedern hinein und verkündet den Elementen und Mächten, die in dem Zelt gegenwärtig sind, dass dieses neuverheiratete Paar dort einziehen wird; diese jungen Leute machen es zu ihrem ersten Heim und es soll ein Heim des Wohlstandes und des langen Lebens sein. Nachdem diese Wünsche ausgesprochen worden sind, spricht das junge Paar eine Einladung an jemanden aus, sie zu besuchen; diese

Einladung müssen sie zuerst aussprechen, und erst danach haben sie das Recht, einzuziehen. – Heute wird diese Tradition auch bei Häusern angewandt, da Indianer nicht mehr das ganze Jahr in Tipis leben.

(Henry Old Coyote, Crow-Indianer)

LIED DER MORGENRÖTE

Im Hause des langen Lebens,
dort gehe ich einher
Im Hause des Glücks,
dort gehe ich einher

Schönheit vor mir,
mit ihr gehe ich einher
Schönheit hinter mir,
mit ihr gehe ich einher
Schönheit über mir,
mit ihr gehe ich einher
Schönheit um mich herum,
mit ihr gehe ich einher

Ich bin auf dem Pfad der Schönheit,
mit ihr gehe ich einher.

(Lied des Dawn Boy, Navajo)

Die traditionellen Religionen von Pueblo-Indianern und Navajo kreisen um ein universell gedachtes Gleichgewicht in Schönheit. Naturkräfte und menschliche Eingriffe sollen ausgewogen sein. Störungen müssen rituell gesühnt werden.

(Volker Dumann)

SEGENSSPRUCH

Möge das große Geheimnis
dir seine auserwählten Gaben senden.

Mögen Vater Sonne und Mutter Mond
ihre mildesten Strahlen
über dich ergießen.

Mögen die vier Winde des Himmels
sanft über dich dahinwehen

und über die,
mit denen du dein Herz
und dein Haus teilst.

(den Coahuila zugeschrieben)

IN SCHÖNHEIT WANDELN

Mögest du in Schönheit wandeln.
Den ganzen Tag mögest du wandeln.
Durch die wiederkehrenden Jahreszeiten
mögest du wandeln.
Auf dem Pfad mit Blütenstaub
mögest du wandeln.
Mit Graßhüpfern um deine Füße
mögest du wandeln.
Mit dem Morgentau um deine Füße
mögest du wandeln.
In Schönheit mögest du wandeln.
Mit Schönheit vor dir mögest du wandeln.
Mit Schönheit hinter dir mögest du wandeln.
Mit Schönheit über dir mögest du wandeln.
Mit Schönheit um dich herum mögest du
wandeln.
In hohem Alter, auf einem Pfad der Schönheit
mögest du wandeln.
Es ist vollendet in Schönheit.
Es ist vollendet in Schönheit.

(Nach einem Lied aus dem Night Chant der Navajo-Indianer)

AUS DER FERNE

EINFACH LEBEN

Schon lange fasziniert mich die zweifache Bedeutung, die man den zwei Worten dieser Überschrift geben kann: Je nachdem, auf welches der Worte man die Betonung legt. Entweder ergibt sich dann ein Plädoyer für ein einfaches Leben, wie es Ernst Wiechert vor zwei Generationen in einem umfänglichen Roman *(Das einfache Leben)* vorgestellt hat. Er empfiehlt darin eine Lebensform, die sich an der Natur orientiert und sich von den Ansprüchen eines aufwendigen, technisierten und komplexen Lebensstils distanziert. – Oder man legt den Nachdruck auf das Wort »leben« und empfiehlt ein Dasein, das dem jeweiligen konkreten Einzelnen zugewandt ist; das sich nicht in Planungen und Projektionen für die Zukunft oder in unverarbeiteten Erinnerungen an die Vergangenheit verliert; sondern das in der Lage ist, Vergangenheit und Zukunft zusammenzufas-

sen und sie in der Gegenwart fruchtbar werden zu lassen.
Seit Jahren hängt ein Spruch über meinem Schreibtisch, den meine Tochter mir schenkte, als sie den Eindruck hatte, dass ich die Gegenwart an die Zukunft verlöre; dass für mich die Gegenwart nur ein Durchgang zur projizierten, geplanten, detailliert entworfenen Zukunft sei. Der Spruch heißt: »Heute schon gelebt?«
Ich habe ihr gesagt, dass für mich das Projizieren der Zukunft eben das Leben im Heute sei; dass ich also heute wirklich schon gelebt hätte. Sie schien nicht überzeugt und wurde dabei von ihrer Mutter unterstützt.
Inzwischen bin auch ich nicht mehr überzeugt. Habe ich heute schon den Augenblick wahrgenommen? Bin ich mir der Unwiederholbarkeit dieses Moments, in dem ein Vogel seine kurze Strophe zwitschert, bewusst geworden? Bin ich überhaupt in der Lage, vollkommen im Jetzt gegenwärtig zu sein, frei von aller Begrenzung und eins mit dem Fluss des Lebens?
Die Zukunft kann offenbar einen Sog entwickeln. Und wenn man diesem Sog erliegt, verliert die Gegenwart ihren Eigenwert, ist nur noch Vorstufe der Zukunft.

Wir Menschen, zumal wir Abendländer, sind ja stolz darauf, dass wir nicht von einem Tag zum anderen – sozusagen von der Hand in den Mund – leben, sondern dass wir die Zeit strukturieren, ordnen, planen; dass wir also Projektionen entwerfen können. Viele sehen in dieser Fähigkeit einen Hauptunterschied zwischen uns und dem Tier.
Dabei übersehen wir offenbar, dass die Fülle des Lebens, die Fülle der Zeit, dem Augenblick gehört, den wir gerade erleben. »Immer ist jetzt die beste Stunde.« Dichter, Künstler, Visionäre, Mystiker wissen von dieser überragenden Bedeutung des Augenblicks. Wo der rationale Umgang mit der Wirklichkeit ergänzt wird durch den schauenden, intuitiven Umgang: Da ist das Leben in seiner Fülle; da ist statt vermittelter die unvermittelte Wirklichkeit (die ihren Höhepunkt in der Unaussprechbarkeit einer visionären Schau finden kann.)
Diese und viele weitere Gedanken entzünden sich durch die Botschaft: *einfach leben*.
Und die doppelte Bedeutung dieser Worte hat für uns ihre Kraft und Intensität vor allem durch unsere Begegnung mit indianischen Menschen und Kulturen gewonnen. Bei ihnen haben wir

sowohl einfaches Leben kennengelernt, als auch ein Leben, das der Intuition, dem ganzheitlichen Erfühlen und Erahnen eine zentrale Rolle zuweist. Meistens fanden diese Begegnungen in Amerika statt, auf Indianerreservationen im Südwesten der USA, bei den Hopi, den Navajo, den Pueblo, den Apachen. Manchmal fanden sie auch hier statt, zu Hause, im Wohnzimmer, wenn sich indianischer Besuch aus Amerika angesagt hatte.

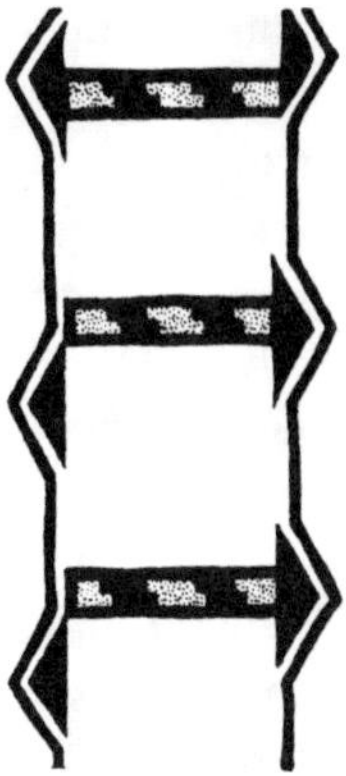

Es waren nicht nur Begegnungen mit diesen anderen Menschen. Es waren auch Begegnungen mit einer so neuen und anderen Kultur; dort im Südwesten auch mit einer so überraschenden und faszinierenden Natur; – und nicht zuletzt: Begegnungen mit uns selbst, mit unserer geistigen Tradition, unserer Kultur, unseren Weltsichten, die sich vor der Folie des Neuen plötzlich so fremd ausnahmen. Wie oft haben indianische Bekannte (die sich immer als

Künstler, doch nie als Wissenschaftler verstanden) uns gemahnt, dass der Mensch nicht in erster Linie mit dem Kopf, sondern mit dem Herzen denke, erfahre, lebe. Wie oft haben sie unserer eigenen Verkopfung und der unserer Kultur eine Weltbegegnung aus der Gesamtheit aller Kräfte des Menschen – seines Verstandes, seines Gefühls, seines Willens, seines Körpers – gegenübergestellt. Sie interpretierten ihre Kultur als eine Kultur des Lebens (auch wenn sie heute dem Tode geweiht scheint) im Unterschied zu einer Kultur des Berechnens, des Verwaltens, des Beherrschens, des einseitigen rationalen Planens.

Dem Psychologen C.G. Jung ist es ähnlich ergangen anlässlich eines Besuches bei Indianern im Südwesten der USA (wie Jung in seinen *Erinnerungen* schreibt). Der Pueblo-Indianer Ochwiä Biano aus Taos in Neu Mexiko sagte zu Jung:

»Sieh, wie grausam die Weißen aussehen. Ihre Lippen sind dünn, ihre Nasen spitz, ihre Gesichter sind von Falten gefurcht und verzerrt, ihre Augen haben einen starren Blick, sie suchen immer etwas. Was suchen sie? Die Weißen wollen immer etwas, sie sind immer

unruhig und rastlos. Wir wissen nicht, was sie wollen. Wir verstehen sie nicht. Wir glauben, dass sie verrückt sind.« – Als Jung darauf Ochwiä Biano um eine nähere Erläuterung bat, entgegnete dieser: »Sie sagen, dass sie mit dem Kopf denken... Wir denken hier«, und er deutete auf sein Herz. (S. 251 f.)
So sammelt sich in diesen zwei Worten »einfach leben« in doppelter Weise ein Kernstück indianischen Lebens- und Weltverhältnisses, wie es auch in diesem Buch sichtbar – hörbar – spürbar wird.

ABSCHLIESSENDE GEDANKEN

Halten wir fest: Indianisches Denken orientiert sich im sozialen, im religiösen und im kosmischen Rahmen weniger an Gegensätzen als unser Denken. Es ist mehr universalistisch, ganzheitlich, zusammenfassend. Es ist Ziel dieses Denkens, Harmonie und Balance für alle Bereiche des Seins, vom Stein bis zur Gottheit als bestimmend anzusehen; Bereiche, welche ohnehin, nach indianischer Auffassung, alle in einer engen und ausgewogenen Verbindung zueinander stehen. Die Gesamtheit des Seins, also das indianische Universum, ist in seiner Gänze nicht nur »geistgewirkt«, also spirituell; es besteht auch aus einem unendlichen Beziehungsgeflecht, bei dem grundsätzlich alles mit allem verknüpft ist. In dieser totalen »Vernetzung« hat logischerweise jede Störung vielfältigste und ganzheitliche Ursachen sowie vielfältige und ganzheitliche Auswirkungen.

Akzeptiert man dieses weder beweisbare noch widerlegbare Bild des Universums – auch unser mechanistisches Weltbild ist weder beweisbar noch widerlegbar – so ist es nicht mehr abstrus, sondern durchaus logisch, mit einer religiösen Zeremonie z.B. eine körperliche Heilung zu bewirken; oder durch physische Berührung oder Behandlung seelische und religiöse Schwierigkeiten zu beheben. Alles wird ganzheitlich gesehen. Nicht Trennung und Isolierung werden der so verstandenen Wirklichkeit gerecht, sondern Zusammenfassung und Ganzheitsschau; nicht Dualismus, sondern Universalismus.

In Bezug auf unsere Welt-Ansicht wird man vielleicht zu der vermittelnden Auffassung kommen, dass der Mensch sowohl Teil der Natur ist – als auch ihr gegenübersteht. Aber auch dann bleibt entscheidend, welche dieser beiden Positionen man betont; worauf man das Hauptgewicht legt; nach welchen Gedanken man handelt. So wird dann das Leben entweder mehr harmonie- oder mehr herrschaftsbestimmt sein. Was bisher vorgeherrscht hat, das wissen wir. Wird es uns gelingen, auch der Harmonie und der Balance einen gebührenden Platz einzuräumen? Werden wir »einfach leben« können?

DANK

Zunächst sind wir den indianischen Freunden und Freundinnen auf den Reservationen im Südwesten der USA dafür dankbar, dass sie die hier geschilderten Begegnungen (und viele weitere) möglich gemacht haben. Wie die Leserinnen und Leser leicht feststellen werden, handelte es sich immer zugleich um Begegnungen zwischen Personen wie auch zwischen Kulturen. In jedem Falle waren sie für unsere Seite bereichernd.

Denselben Indianern und Indianerinnen und zahlreichen anderen danken wir außerdem für die freundlich gewährte Erlaubnis, Texte, Aussagen und Bilder in diesem Buch verwerten zu dürfen.

Mehrere Mitarbeiterinnen haben sich um das Manuskript durch stete Einsatzbereitschaft und eigenständiges Arbeiten verdient gemacht. Dafür danken wir vor allem Jane Rademacher, Annette Graën und Birgit Frankenberg.
Schließlich sind wir auch dem Kösel-Verlag und seinem Lektor Winfried Nonhoff für zahlreiche Anregungen und Hinweise sehr dankbar.

LITERATURVERZEICHNIS

Boyd, Doug: Rolling Thunder – The Personal Exploration into the Secret Healing Powers of an American Indian Medicine Man; New York, A Delta Book, 1974

Clemmer, Richard 0.: Roads in the Sky – The Hopi Indians in a Century of Change; Boulder/San Francisco/London, Westview Press, 1995

Collins O'Cane, Walter: Sun in the Sky; Norman/Oklahoma, University of Oklahoma Press, 1950

Curtis, Natalie: The Indians´ Book – Authentic Native American Legends, Lore and Music; New York, Random House Company, 1907/1923/1987

Deloria, Vine: God is Red; New York, A Delta Book, 1980 VI

Duerr, Hans Peter: Traumzeit – über die Grenzen zwischen Wildnis und Zivilisation; Frankfurt/Main, Syndikat Taschenbücher, 1983

Eliade, M.: Mythos und Wirklichkeit; Frankfurt/Main 1988

Harner, M.: The Way of the Shaman; San Francisco, Harper and Row, 1990

Hopi Mental Health Conference Reports; Kykotsmovi/Arizona, Hopi-Reservation, 1981/1982/1983/1984

James, Harry C.: Pages from Hopi History; Tucson, University of Arizona Print, 1974

Jung, C.G.: Erinnerungen; Zürich / Stuttgart 1962

Kaiser, Michaela: Was zwischen Sonne und Mond geschah: Indianische Mythen und Märchen; (Gütersloher Taschenbücher Siebenstern; 1103)

Kaiser, Rudolf: Gott schläft im Stein – Indianische und abendländische Weltansichten im Widerstreit; München, Kösel-Verlag, ^{2}1993

Indianischer Sonnengesang – Zur Spiritualität nordamerikanischer Indianer; Freiburg, Herder-Spektrum, ^{2}1993

Im Einklang mit dem Universum – Aus dem Leben der Hopi-Indianer; München, Kösel-Verlag, ^{2}1994

Geh mit leisen Schritten – Indianische Wegweisungen in Wort und Bild; München, Kösel-Verlag ^{2}1994

Klah, Hosteen: Texts of the Navajo Creation Chants (gesammelt und übersetzt von H. Hoijer); Cambridge, Mass, 1929

Lake, Medicine Grizzlybear: Native Healer – Initiation into an Ancient Art; Wheaton, Ill., USA/Madras, India/London,England, Theosophical Publishing House, 1991

Lame Deer, John/Erdoes, Richard: Lame Deer, Seeker of Visions – The Life of a Sioux Medicine Man; New York, Simon and Schuster, 1972

Levy, Jerrold E.: Orayvi Revisited – Social Stratification in an ›Egalitarian‹ Society; Santa Fé/New Mexico, School of American Research Press, 1992

Lockett, Hatty Greene: The Unwritten Literature of the Hopi; Tucson/Arizona, University of Arizona Press, 1933/1981

Lyon, William S.: The Visons of Wallace Black Elk; in: Shaman's Drum, Spring 1987

Matthews, Washington: The Prayer of a Navajo Shaman; American Anthropologist, Old Series 1, 1888

The Night Chant – A Navajo Ceremony; Memoirs of the American Museum of Natural History, Vol. 6, 1902

Navajo Myths, Prayers and Songs; University of California, Publications in American Archaeology and Ethnology, Vol. 5, 1907

Polingaysi (Elizabeth White): No Turning Back; Albuquerque, University of New Mexico Print, 1964

Sekaquaptewa, Helen: Me and Mine; Tucson, University of Arizona Print, 1969

Silko, Leslie M.: Ceremony; New York, The Signet Book, 1977

Storyteller; New York, Seaver Books, 1981

Witherspoon, Gary: The Central Concepts in Navajo World View (I); in: Linguistics – An International Review 1974

Language and Art in the Navajo Universe; Ann Arbor, University of Michigan Press, 1977

BÜCHER VON RUDOLF KAISER UND MICHAELA KAISER

Die Stimme des Großen Geistes
Prophezeiungen und Endzeiterwartungen der Hopi.
München, Kösel-Verlag

Gott schläft im Stein
Indianische und abendländische Weltansichten im Widerstreit.
München, Kösel-Verlag

Die Erde ist uns heilig
Die Reden des Chief Seattle und anderer indianischer Häuptlinge.
Freiburg, Herder/Spektrum

Im Einklang mit dem Universum
Aus dem Leben der Hopi-Indianer.
München, Kösel-Verlag

Indianischer Sonnengesang
Texte der Weisheit und Spiritualität.
Freiburg, Herder/Spektrum

Ich mischte Sand und Sterne
Indianische Liebeslyrik.
Gütersloh, GTB Siebenstern

Indianische Kinder- und Wiegenlieder
Freiburg, Herder/Spektrum

Geh mit leisen Schritten
Indianische Wegweisungen
Ein Bild–Textband.
München, Kösel-Verlag

Indianische Heilkunst
Pflanzen, Rituale, Heilungsbilder nordamerikanischer Schamanen.
Freiburg, Herder/Spektrum

Das indianische Lederzelt im

R
D
Frederick W